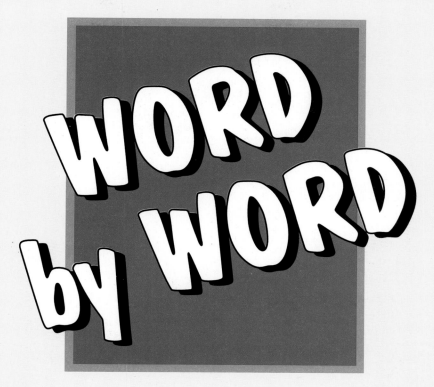

WORD by WORD

英漢圖解字典

English/Chinese Picture Dictionary

Steven J. Molinsky · Bill Bliss

Jung Pao 包 容

Longman

Acquisitions Editor: *Tina Carver*
Director of Production & Manufacturing: *Aliza Greenblatt*
Electronic Production/Design Manager: *Dominick Mosco*
Production editor: *Ken Liao*
Composition: *Graphicraft Typesetters Ltd., Hong Kong*
Interior design: *Kenny Beck*
Cover supervisor and cover design: *Merle Krumper*
Production Coordinator: *Ray Keating*

Illustrated by RICHARD E. HILL

Pearson Education, 1 Lake Street, Upper Saddle River, NJ 07458

Printed in the United States of America

10   9   8   7   6   5

ISBN 0-13-125824-9

CONTENTS

目錄

"逐字逐句"情景圖畫詞典用生動活潑的圖示向你介紹三千多個基本詞。該詞典頗具新意,學生可學到他們需要的基本詞彙並能在多種場合進行有效的交流。

"字"典分一百個單元,設有嚴謹的課程系列,內容涉及學生的生活圈子及外面的大世界,前幾個單元談家庭、住宅和日常活動,然後介紹社區、學校、工作單位、購物、娛樂和其他專題。"字"典廣泛收集了有關生活能力、學科和課外活動的重要的詞彙。

為了使用方便,"字"典中的單元以兩種方式編排:目錄和按字母順序排列的專題索引。加上附錄中的生詞表,學生和老師能迅速、方便地找到詞典中的單詞和專題。

"字"典是全套"逐字逐句"擴大詞彙教案的中心部分。該教案擁有多種書面和音響資料以滿足各種程度的教學需要。輔助材料包括供三種不同程度(識字、初級、中級)用的練習冊、教師手冊、詞彙教學指南、聽力課程、掛圖、彩色投影片、詞彙遊戲卡、歌曲集、錄音帶和考題。該詞典的其它雙語版本也已出版。

教學法

"字"典通過上下文介紹單詞並以範例形式把它們用於各種不同的生活情況。這些範例可成為學生進行生動的對話交流的基礎。另外,每個單元中還有供寫作和討論的題目,鼓勵學生把詞彙所表現的專題同他們的親身經歷結合起來,互相交流經驗、思想、意見以及本國文化。這樣,學生們"逐字逐句"地進行互相了解。

在使用"字"典時,我們希望你把自己的教學風格和學生的需要和能力相結合。下列教學法可供參考。

(一) 預習詞彙:讓學生找出單元中的熟詞並把它們寫在黑板上,或者讓學生看掛圖、投影片或"字"典中的圖示,用他們現有的詞彙知識找出熟詞。

(二) 介紹生詞:用手指着每個單詞的圖示念該字,讓學生集體地、個別地跟讀,檢查學生對生詞的理解和發音。

(三) 生詞練習:讓學生集體地、成對地或分小組練習生詞。老師念生詞並把它寫在黑板上,學生用手指該詞或說出該詞的編號。不然,老師用手指單詞或說出該詞的編號,學生念該詞。

(四) 範例對話練習:有些單元中的範例對話用生詞表上第一個詞進行示範。其它單元則採用填充對話形式,讓學生把詞填進

句子。(在許多填充對話練習中,方括號中的編號表示可以用來填充的單詞。如果沒有標號,該頁上所有的詞都可以用。)

我們建議你用下列步驟進行範例對話練習:

a. 預習:讓學生看圖示並討論該對話發生的場合和對話者的身份。
b. 教範例對話並檢查學生對對話場合和生詞的理解。
c. 讓學生集體地或個別地重復對話中的每個句子。
d. 學生成對地進行練習。
e. 讓一對學生用生詞表上不同的字根據範例編新的對話。
f. 全班成對地用新詞按照範例編新的對話。
g. 學生成對地把新的對話介紹給全班。

(五) 補充對話練習:許多單元中有二種額外的填充對話練習讓學生作進一步的詞彙練習。(這些練習在頁底的黃色區域內。)學生可以用他們喜歡的詞填入這些對話練習並把新的對話介紹給全班。

(六) 拼字練習和寫作:讓學生集體地、成對地或分小組練習單詞拼讀。老師念單詞或拼詞,學生把詞寫下來、用手指該詞的圖示或說出它的編號。不然,老師用手指圖或說詞的編號,讓學生把詞寫下來。

(七) 用於討論、作文、編作文集和收集範本的主題:"字"典的每個單元提供討論和作文的題目。(它們在頁底的綠色區域內。)讓學生集體地、成對地或分小組練習。不然,讓學生回家後把答案寫下來,回校再集體地、成對地或分小組討論。

有些學生喜歡把自己的作文編集。如果時間允許,老師可對學生的作文寫評語,把自己的想法和經歷同他們交流。老師還可以收集作業範本,因為這是反應學生在學習英語過程中進步的最好例子。

(八) 交流活動:"字"典的教師手冊中有豐富的遊戲、作業、動腦筋、討論、動作練習、畫示、比劃交流、角色扮演和其它活動以適應學生的不同學習風格和能力並發揮他們的長處。在每個單元中選一、二種活動以有趣、生動、有創意的方式強化詞彙學習。

"逐字逐句"情景圖畫詞典的目標在於用生動活潑的方法來教單詞。在向你們介紹擴大詞彙教案的精華部分的同時,我們希望已經把本書的教學精神傳授給你:詞彙學習確實可以在注重交流的場景中進行 ... 與學生的生活相結合 ... 適應學生的不同學習風格並發揚他們的長處 ... 並富有趣味性!

Steven J. Molinsky
Bill Bliss

The *Word by Word* Picture Dictionary presents more than 3,000 vocabulary words through lively full-color illustrations. This innovative Picture Dictionary offers students the essential vocabulary they need to communicate effectively in a wide range of relevant situations and contexts.

Word by Word organizes the vocabulary into 100 thematic units, providing a careful sequence of lessons that range from the immediate world of the student to the world at large. Early units on the family, the home, and daily activities lead to lessons on the community, school, workplace, shopping, recreation, and other topics. *Word by Word* offers extensive coverage of important lifeskill competencies and the vocabulary of school subjects and extracurricular activities. Since each unit is self-contained, *Word by Word* can be used either sequentially or in any desired order.

For users' convenience, the units in *Word by Word* are listed two ways: sequentially in the Table of Contents, and alphabetically in the Thematic Index. These resources, combined with the Glossary in the appendix, allow students and teachers to quickly and easily locate all words and topics in the Picture Dictionary.

The *Word by Word* Picture Dictionary is the centerpiece of the complete *Word by Word* Vocabulary Development Program, which offers a wide selection of print and media support materials for instruction at all levels. Ancillary materials include Workbooks at three different levels (Literacy, Beginning, and Intermediate), a Teacher's Resource Book, a Handbook of Vocabulary Teaching Strategies, a complete Audio Program, Wall Charts, Color Transparencies, Vocabulary Game Cards, a Song Album and accompanying Song Book, and a Testing Program. Bilingual editions of the Picture Dictionary are also available.

Teaching Strategies

Word by Word presents vocabulary words in context. Model conversations depict situations in which people use the words in meaningful communication. These models become the basis for students to engage in dynamic, interactive conversational practice. In addition, writing and discussion questions in each unit encourage students to relate the vocabulary and themes to their own lives as they share experiences, thoughts, opinions, and information about themselves, their cultures, and their countries. In this way, students get to know each other "word by word."

In using *Word by Word*, we encourage you to develop approaches and strategies that are compatible with your own teaching style and the needs and abilities of your students. You may find it helpful to incorporate some of the following techniques for presenting and practicing the vocabulary in each unit.

1. *Previewing the Vocabulary:* Activate students' prior knowledge of the vocabulary either by brainstorming with students the words in the unit they already know and writing them on the board, or by having students look at the Wall Chart, the transparency, or the illustration in *Word by Word* and identify the words they are familiar with.

2. *Presenting the Vocabulary:* Point to the picture of each word, say the word, and have the class repeat it chorally and individually. Check students' understanding and pronunciation of the vocabulary.

3. *Vocabulary Practice:* Have students practice the vocabulary as a class, in pairs, or in small groups. Say or write a word, and have students point to the item or tell the number. Or, point to an item or give the number, and have students say the word.

4. *Model Conversation Practice:* Some units have model conversations that use the first word in the vocabulary list. Other models

are in the form of *skeletal dialogs*, in which vocabulary words can be inserted. (In many skeletal dialogs, bracketed numbers indicate which words can be used to practice the conversation. If no bracketed numbers appear, all the words on the page can be used.)

The following steps are recommended for Model Conversation Practice:

a. Preview: Students look at the model illustration and discuss who they think the speakers are and where the conversation takes place.

b. The teacher presents the model and checks students' understanding of the situation and the vocabulary.

c. Students repeat each line of the conversation chorally or individually.

d. Students practice the model in pairs.

e. A pair of students presents a new conversation based on the model, but using a different word from the vocabulary list.

f. In pairs, students practice several new conversations based on the model, using different vocabulary words.

g. Pairs present their conversations to the class.

5. *Additional Conversation Practice:* Many units provide two additional skeletal dialogs for further conversation practice with the vocabulary. (These can be found in a yellow-shaded area at the bottom of the page.) Have students practice and present these conversations using any words they wish.

6. *Writing and Spelling Practice:* Have students practice spelling the words as a class, in pairs, or in small groups. Say or spell a word, and have students write it and then point to the picture of the item or tell the number. Or, point to a picture of an item or give the number, and have students write the word.

7. *Themes for Discussion, Composition, Journals, and Portfolios:* Each unit of *Word by Word* provides one or more questions for discussion and composition. (These can be found in a green-shaded area at the bottom of the page.) Have students respond to the questions as a class, in pairs, or in small groups. Or, have students write their responses at home, share their written work with other students, and discuss as a class, in pairs, or in small groups.

Students may enjoy keeping a journal of their written work. If time permits, you may want to write a response in each student's journal, sharing your own opinions and experiences as well as reacting to what the student has written. If you are keeping portfolios of students' work, these compositions serve as excellent examples of students' progress in learning English.

8. *Communication Activities:* The *Word by Word* Teacher's Resource Book provides a wealth of games, tasks, brainstorming, discussion, movement, drawing, miming, role-playing, and other activities designed to take advantage of students' different learning styles and particular abilities and strengths. For each unit, choose one or more of these activities to reinforce students' vocabulary learning in a way that is stimulating, creative, and enjoyable.

Word by Word aims to offer students a communicative, meaningful, and lively way of practicing English vocabulary. In conveying to you the substance of our program, we hope that we have also conveyed the spirit: that learning vocabulary can be genuinely interactive . . . relevant to our students' lives . . . responsive to students' differing strengths and learning styles . . . and fun!

Steven J. Molinsky
Bill Bliss

A. What's your **name**?
B. *Nancy Ann Peterson.*

姓名	**1.** name	公寓門牌號	**8.** apartment number
名	**2.** first name	城市	**9.** city
中間名	**3.** middle name	州	**10.** state
姓	**4.** last name/family name/ surname	郵編	**11.** zip code
地址	**5.** address	地區號	**12.** area code
門牌號	**6.** street number	電話號碼	**13.** telephone number/ phone number
街（名）	**7.** street	社會保險號／養老金索取號	**14.** social security number

A. What's your _____?
B. ....
A. Did you say ....?
B. Yes. That's right.

A. What's your last name?
B. ....
A. How do you spell that?
B. ....

Tell about yourself:
  My name is ....
  My address is ....
  My telephone number is ....
Now interview a friend.

A. Who is she?
B. She's my **wife**.
A. What's her name?
B. Her name is *Betty*.

A. Who is he?
B. He's my **husband**.
A. What's his name?
B. His name is *Fred*.

妻子 **1.** wife
丈夫 **2.** husband

雙親 **parents**
母親 **3.** mother
父親 **4.** father

子女 **children**
女兒 **5.** daughter
兒子 **6.** son
姐／妹 **7.** sister

兄／弟 **8.** brother
嬰兒 **9.** baby

祖父母／外祖父母 **grandparents**
祖母／外祖母 **10.** grandmother
祖父／外祖父 **11.** grandfather

孫子／孫女／外孫／外孫女 **grandchildren**
孫女／外孫女 **12.** granddaughter
孫子／外孫 **13.** grandson

A. I'd like to introduce my _____.
B. Nice to meet you.
C. Nice to meet you, too.

A. What's your _____'s name?
B. His/Her name is ....

Tell about your family.
Talk about photos of family
   members.

A. Who is she?
B. She's my **aunt**.
A. What's her name?
B. Her name is *Linda*.

A. Who is he?
B. He's my **uncle**.
A. What's his name?
B. His name is *Jack*.

姨媽／伯母／姑媽／嬸嬸／舅母	**1.** aunt
姨夫／伯父／姑夫／叔父／舅父	**2.** uncle
姪女／外甥女	**3.** niece
侄子／外甥	**4.** nephew
堂兄／堂弟／堂姐／堂妹／表兄／ 表弟／表姐／表妹	**5.** cousin

岳母／婆婆	**6.** mother-in-law
岳父／公公	**7.** father-in-law
女婿	**8.** son-in-law
媳婦	**9.** daughter-in-law
姐夫／妹夫／內兄／內弟／大伯／小叔	**10.** brother-in-law
姻親姐妹／姑／姨／妯娌	**11.** sister-in-law

A. Is he/she your _____?
B. No. He's/She's my _____.
A. Oh. What's his/her name?
B. ....

A. Let me introduce my _____.
B. I'm glad to meet you.
C. Nice meeting you, too.

Tell about your relatives:
  What are their names?
  Where do they live?
Draw your family tree and talk
  about it.

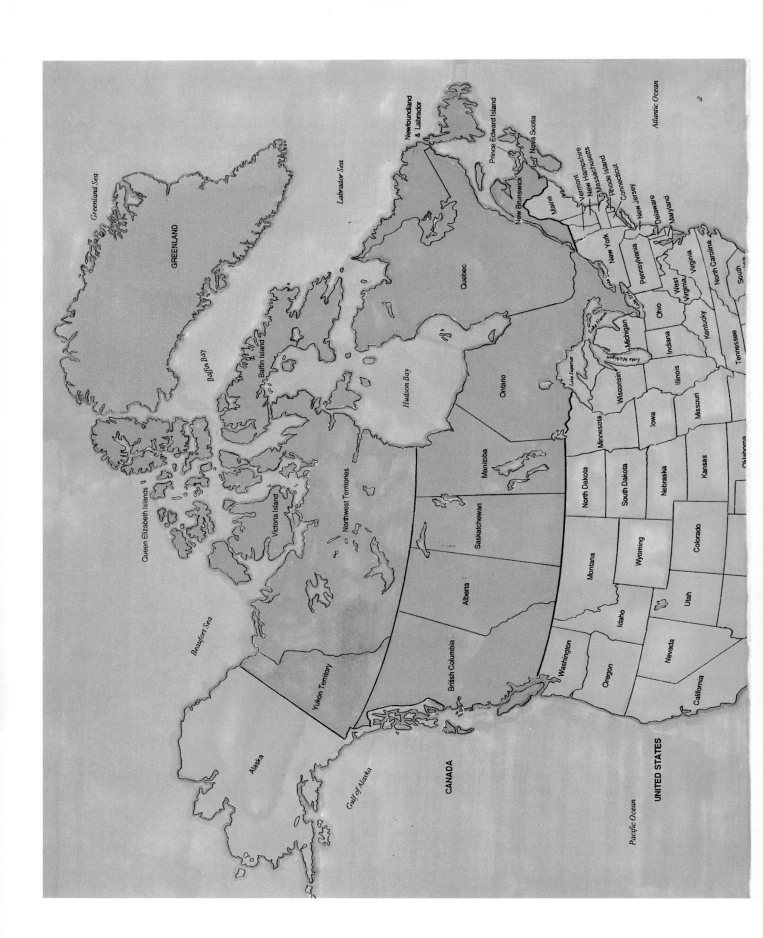

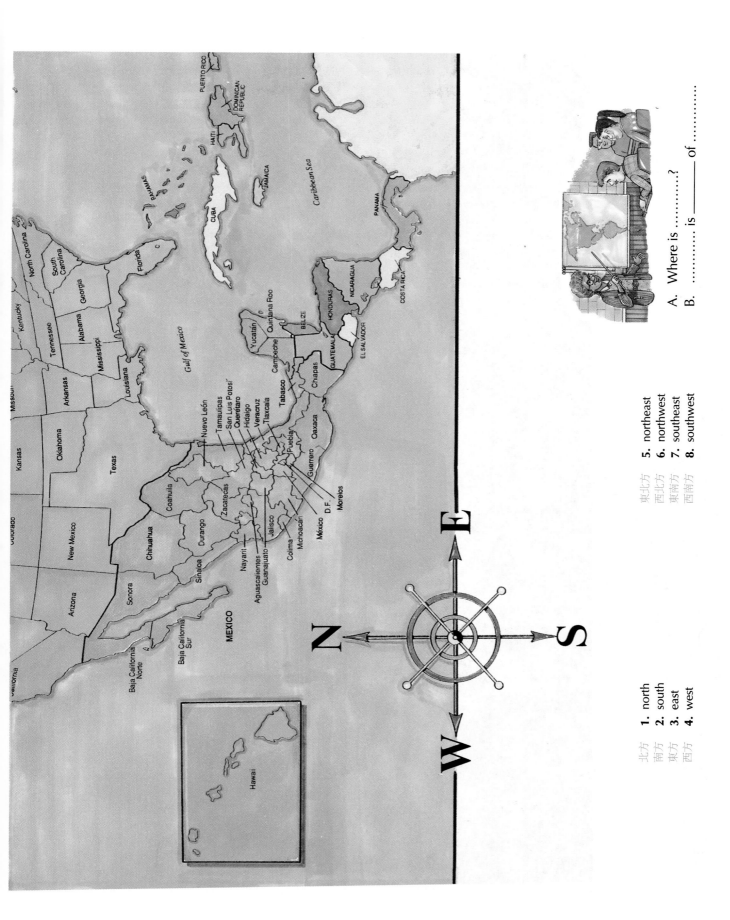

北方　1. north
南方　2. south
東方　3. east
西方　4. west

東北方　5. northeast
西北方　6. northwest
東南方　7. southeast
西南方　8. southwest

A. Where is ....?
B. .... is ———— of ....

全球

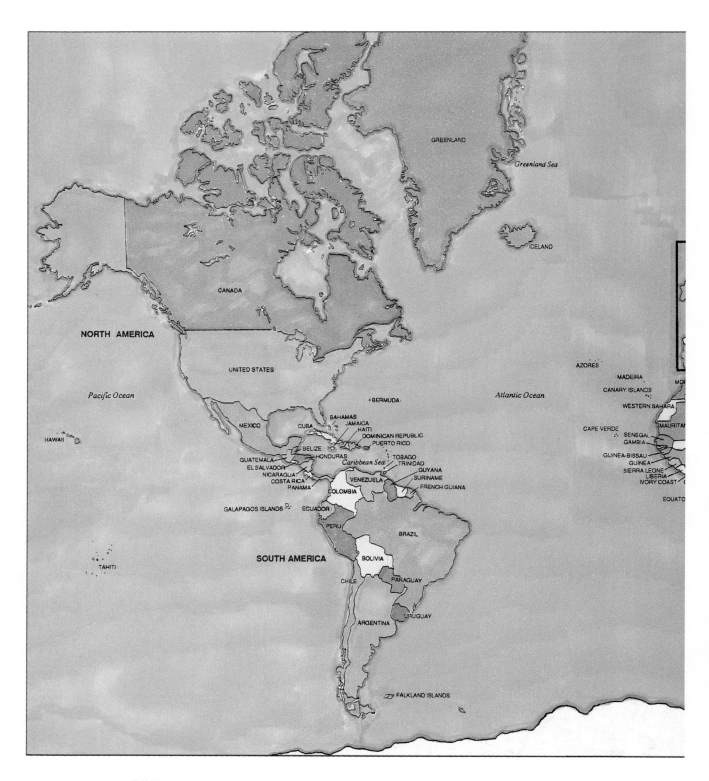

北美洲 **1.** North America
南美洲 **2.** South America
歐洲 **3.** Europe
非洲 **4.** Africa

中東 **5.** The Middle East
亞洲 **6.** Asia
澳洲／大洋洲 **7.** Australia
南極洲 **8.** Antarctica

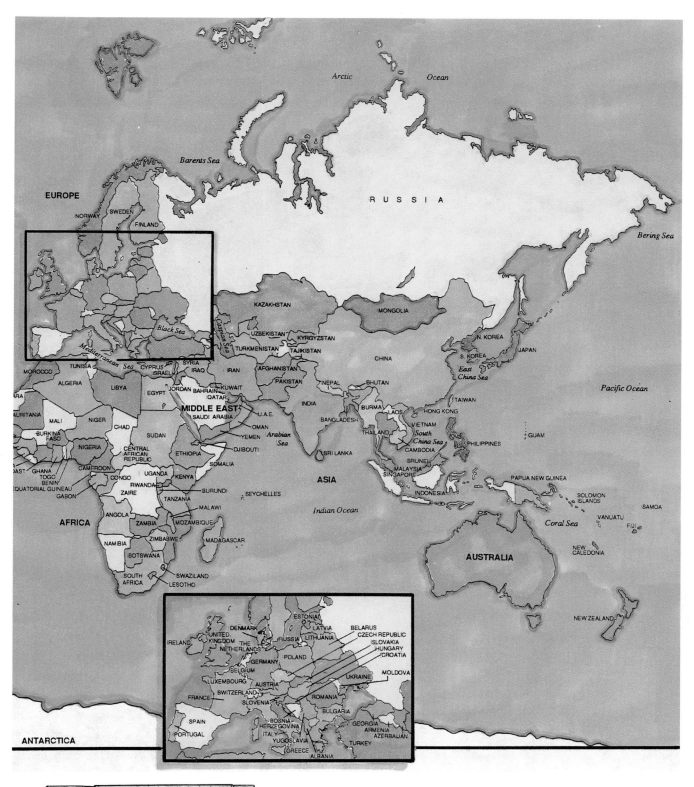

A. Where's ....?   A. What ocean/sea is near
B. It's in _____.   ....?

日常活動（一）

A. What do you do every day?
B. I **get up**, I **take a shower**, and I **brush my teeth**.

起床	**1.** get up		脱衣	**12.** get undressed
淋浴	**2.** take a shower		洗澡／沐浴	**13.** take a bath
刷牙	**3.** brush *my* teeth		上床	**14.** go to bed
用牙線剔牙	**4.** floss *my* teeth		睡覺	**15.** sleep
剃須	**5.** shave		做早飯	**16.** make breakfast
穿衣	**6.** get dressed		做午飯	**17.** make lunch
洗臉	**7.** wash *my** face		做晚飯	**18.** cook/make dinner
化裝	**8.** put on makeup		吃早飯	**19.** eat/have breakfast
刷頭髮	**9.** brush *my** hair		吃午飯	**20.** eat/have lunch
梳髮	**10.** comb *my** hair		吃晚飯	**21.** eat/have dinner
鋪床	**11.** make the bed			

*my, his, her, our, your, their

A. What does he do every day?
B. He _____s, he _____s, and he _____s.

A. What does she do every day?
B. She _____s, she _____s, and she _____s.

What do you do every day? Make a list.
Interview some friends and tell about their everyday activities.

日常活動（二）

A. Hi! What are you doing?
B. I'm **clean**ing **the apartment**.

打掃房間	**1.** clean the apartment/ clean the house	看電視	**11.** watch TV
掃地	**2.** sweep the floor	聽收音機	**12.** listen to the radio
撢灰塵	**3.** dust	聽音樂	**13.** listen to music
吸塵	**4.** vacuum	看書	**14.** read
洗碗	**5.** wash the dishes	玩耍	**15.** play
洗衣	**6.** do the laundry	打籃球	**16.** play basketball
熨衣	**7.** iron	彈吉他	**17.** play the guitar
餵嬰兒	**8.** feed the baby	練鋼琴	**18.** practice the piano
餵貓	**9.** feed the cat	研讀	**19.** study
蹓狗	**10.** walk the dog	運動	**20.** exercise

A. Hi, ...! This is ....
What are you doing?
B. I'm _____ing. How about you?
A. I'm _____ing.

A. Are you going to _____ today?
B. Yes. I'm going to _____ in a little while.

What are you going to do tomorrow? Make a list of *everything* you are going to do.

教室

A. Where's the **teacher**?
B. The **teacher** is *next to* the **board**.

A. Where's the **pen**?
B. The **pen** is *on* the **desk**.

教師	**1.** teacher		黑板	**18.** board	
教師助理	**2.** teacher's aide		粉筆	**19.** chalk	
學生	**3.** student		粉筆盒	**20.** chalk tray	
椅子	**4.** seat/chair		黑板擦	**21.** eraser	
圓珠筆	**5.** pen		公共廣播網	**22.** P.A. system/loudspeaker	
鉛筆	**6.** pencil		佈告欄	**23.** bulletin board	
橡皮擦	**7.** eraser		圖釘	**24.** thumbtack	
課桌	**8.** desk		地圖	**25.** map	
辦公桌	**9.** teacher's desk		鉛筆鉋	**26.** pencil sharpener	
教科書	**10.** book/textbook		地球儀	**27.** globe	
筆記本	**11.** notebook		書架	**28.** bookshelf	
活頁紙	**12.** notebook paper		投影機	**29.** overhead projector	
標繪紙	**13.** graph paper		電視機	**30.** TV	
尺	**14.** ruler		(投影) 屏幕	**31.** (movie) screen	
計算器	**15.** calculator		幻燈機	**32.** slide projector	
鍾	**16.** clock		電腦	**33.** computer	
國旗	**17.** flag		電影放映機	**34.** (movie) projector	

A. Is there a/an _____ in your classroom?*
B. Yes. There's a/an _____ next to/on the _____.

A. Is there a/an _____ in your classroom?*
B. No, there isn't.

Describe your classroom.
(There's a/an ....)

*With 12, 13, 19 use: Is there _____ in your classroom?

教堂動態

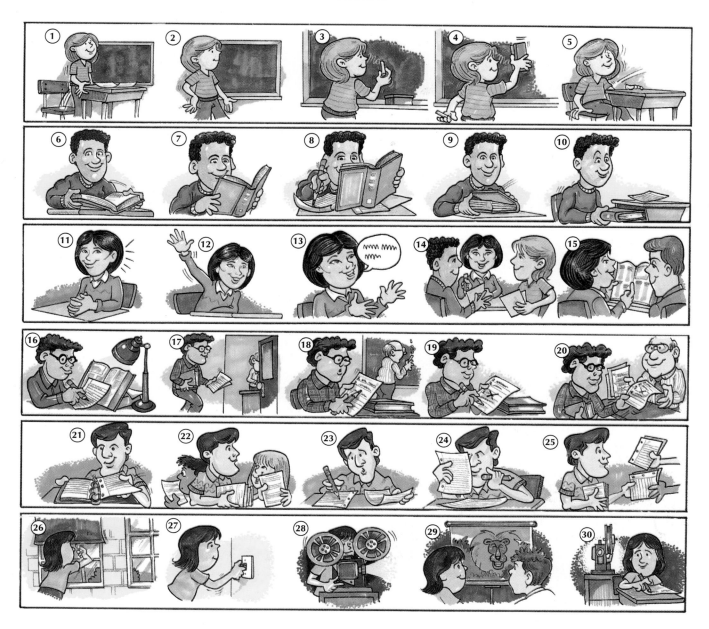

起立	**1.** Stand up.	做回家作業	**16.** Do *your homework.*
走向黑板	**2.** Go to the *board.*	把作業帶來	**17.** Bring in *your homework.*
寫你的名字	**3.** Write *your name.*	對答案	**18.** Go over *the answers.*
擦去你的名字	**4.** Erase *your name.*	改錯	**19.** Correct *your mistakes.*
坐下	**5.** Sit down./Take your seat.	交作業	**20.** Hand in *your homework.*
翻開書	**6.** Open *your book.*	拿出紙來	**21.** Take out *a piece of paper.*
看第八頁	**7.** Read *page eight.*	發考卷	**22.** Pass out *the tests.*
學第八頁	**8.** Study *page eight.*	答題	**23.** Answer *the questions.*
把書合上	**9.** Close *your book.*	對答案	**24.** Check *your answers.*
把書放在一邊	**10.** Put away *your book.*	收考卷	**25.** Collect *the tests.*
聽老師的問題	**11.** Listen to *the question.*	把遮光帘拉下	**26.** Lower *the shades.*
舉手	**12.** Raise *your hand.*	關燈	**27.** Turn off *the lights.*
回答問題	**13.** Give *the answer.*	啟動放映機	**28.** Turn on *the projector.*
分小組學習	**14.** Work *in groups.*	看電影	**29.** Watch *the movie.*
互相幫助	**15.** Help *each other.*	記筆記	**30.** Take notes.

You're the teacher! Give instructions to your students.

國家、國籍和語言

A. Where are you from?
B. I'm from **Mexico**.

A. What's your nationality?
B. I'm **Mexican**.

A. What language do you speak?
B. I speak **Spanish**.

Country	Nationality	Language	Country	Nationality	Language
Afghanistan	Afghan	Afghan	Italy	Italian	Italian
Argentina	Argentine	Spanish	Japan	Japanese	Japanese
Australia	Australian	English	Jordan	Jordanian	Arabic
Bolivia	Bolivian	Spanish	Korea	Korean	Korean
Brazil	Brazilian	Portuguese	Laos	Laotian	Laotian
Cambodia	Cambodian	Cambodian	Latvia	Latvian	Latvian
Canada	Canadian	English/French	Lithuania	Lithuanian	Lithuanian
Chile	Chilean	Spanish	Malaysia	Malaysian	Malay
China	Chinese	Chinese	Mexico	Mexican	Spanish
Colombia	Colombian	Spanish	New Zealand	New Zealander	English
Costa Rica	Costa Rican	Spanish	Nicaragua	Nicaraguan	Spanish
Cuba	Cuban	Spanish	Panama	Panamanian	Spanish
(The) Dominican Republic	Dominican	Spanish	Peru	Peruvian	Spanish
Ecuador	Ecuadorian	Spanish	(The) Philippines	Filipino	Tagalog
Egypt	Egyptian	Arabic	Poland	Polish	Polish
El Salvador	Salvadorean	Spanish	Portugal	Portuguese	Portuguese
England	English	English	Puerto Rico	Puerto Rican	Spanish
Estonia	Estonian	Estonian	Romania	Romanian	Romanian
Ethiopia	Ethiopian	Amharic	Russia	Russian	Russian
France	French	French	Saudi Arabia	Saudi	Arabic
Germany	German	German	Spain	Spanish	Spanish
Greece	Greek	Greek	Taiwan	Taiwanese	Chinese
Guatemala	Guatemalan	Spanish	Thailand	Thai	Thai
Haiti	Haitian	Haitian Kreyol	Turkey	Turkish	Turkish
Honduras	Honduran	Spanish	Ukraine	Ukrainian	Ukrainian
Indonesia	Indonesian	Indonesian	(The) United States	American	English
Israel	Israeli	Hebrew	Venezuela	Venezuelan	Spanish
			Vietnam	Vietnamese	Vietnamese

A. What's your native language?
B. _____.
A. Oh. What country are you from?
B. _____.

A. Where are you and your husband/wife going on your vacation?
B. We're going to _____.
A. That's nice. Tell me, do you speak _____?
B. No, but my husband/wife does. He's/She's _____.

Tell about yourself:
   Where are you from?
   What's your nationality?
   What languages do you speak?
Now interview and tell about a friend.

各種宅舍

A. Where do you live?
B. I live in an **apartment building**.

公寓（大廈）	**1.** apartment (building)	活動房屋	**7.** mobile home/trailer
（獨棟）房屋	**2.** (single-family) house	農舍	**8.** farmhouse
雙層樓房／雙戶樓房	**3.** duplex/two-family house	木屋	**9.** cabin
連棟房屋	**4.** townhouse/townhome	老人公寓	**10.** nursing home
私人產權公寓	**5.** condominium/condo	臨時避難所	**11.** shelter
宿舍	**6.** dormitory/dorm	船屋	**12.** houseboat

A. Town Taxi Company.
B. Hello. Please send a taxi to
   (address) .
A. Is that a house or an apartment?
B. It's a/an _____.
A. All right. We'll be there right
   away.

A. This is the Emergency Operator.
B. Please send an ambulance to
   (address) .
A. Is that a private home?
B. It's a/an _____.
A. What's your name?
B. ....
A. And your telephone number?
B. ....

Tell about people you know and the
   types of housing they live in.
Discuss:
   Who lives in dormitories?
   Who lives in nursing homes?
   Who lives in shelters?
   Why?

客廳

A. Where are you?
B. I'm in the living room.
A. What are you doing?
B. I'm *dusting** the **coffee table**.

*dusting/cleaning

咖啡桌	**1.** coffee table		電視機	**15.** television
小地毯	**2.** rug		錄像機	**16.** video cassette recorder/VCR
地板	**3.** floor		立體聲音響	**17.** stereo system
扶手椅	**4.** armchair		喇叭箱	**18.** speaker
茶几	**5.** end table		雙人沙發	**19.** loveseat
台燈	**6.** lamp		盆栽	**20.** plant
燈罩	**7.** lampshade		畫畫	**21.** painting
窗	**8.** window		畫框	**22.** frame
窗帘	**9.** drapes/curtains		壁爐臺	**23.** mantel
長沙發	**10.** sofa/couch		壁爐	**24.** fireplace
靠枕	**11.** (throw) pillow		壁爐罩	**25.** fireplace screen
天花板	**12.** ceiling		相片	**26.** picture/photograph
牆	**13.** wall		書櫥／書架	**27.** bookcase
組合櫃	**14.** wall unit/entertainment unit			

A. You have a lovely living room!
B. Oh, thank you.
A. Your _____ is/are beautiful!
B. Thank you for saying so.

A. Uh-oh! I just spilled coffee on your _____!
B. That's okay. Don't worry about it.

Tell about your living room.
(In my living room there's ....)

餐廳

A. This **dining room table** is very nice.
B. Thank you. It was a gift from my *grandmother.* *

*grandmother/grandfather/aunt/uncle/...

餐桌	**1.** (dining room) table		蠟燭台	**12.** candlestick
椅子	**2.** (dining room) chair		蠟燭	**13.** candle
碗櫥	**3.** china cabinet		餐桌中央花飾	**14.** centerpiece
瓷器	**4.** china		鹽瓶	**15.** salt shaker
吊燈	**5.** chandelier		胡椒瓶	**16.** pepper shaker
餐具櫥	**6.** buffet		奶油碟	**17.** butter dish
生菜盆	**7.** salad bowl		上菜車	**18.** serving cart
水罐	**8.** pitcher		茶壺	**19.** teapot
菜盆	**9.** serving bowl		咖啡壺	**20.** coffee pot
菜盤	**10.** serving platter		奶油罐	**21.** creamer
桌布	**11.** tablecloth		糖罐	**22.** sugar bowl

[In a store]

A. May I help you?
B. Yes, please. Do you have
   _____s?*
A. Yes. _____s* are right over there.
B. Thank you.
*With 4, use the singular.

[At home]

A. Look at this old _____
   I just bought!
B. Where did you buy it?
A. At a yard sale. How do you
   like it?
B. It's VERY unusual! 不好意思

Tell about your dining room.
(In my dining room there's ....)

餐具擺設

A. Excuse me. Where does the **salad plate** go?
B. It goes *to the left of* the **dinner plate**.

A. Excuse me. Where does the **soup spoon** go?
B. It goes *to the right of* the **teaspoon**.

A. Excuse me. Where does the **wine glass** go?
B. It goes *between* the **water glass** and the **cup and saucer**.

A. Excuse me. Where does the **cup** go?
B. It goes *on* the **saucer**.

生菜盤	**1.** salad plate
麵包、奶油盤	**2.** bread-and-butter plate
菜盤	**3.** dinner plate
湯碗	**4.** soup bowl
水杯	**5.** water glass
酒杯	**6.** wine glass
茶杯	**7.** cup
碟	**8.** saucer
餐巾	**9.** napkin

餐具	**silverware**
生菜叉	**10.** salad fork
叉	**11.** dinner fork
刀	**12.** knife
茶匙	**13.** teaspoon
湯匙	**14.** soup spoon
黃油刀	**15.** butter knife

A. Waiter? Excuse me. This _____ is dirty.
B. I'm terribly sorry. I'll get you another _____ right away.

A. Oops! I dropped my _____!
B. That's okay! I'll get you another _____ from the kitchen.

Practice giving directions. Tell someone how to set a table. (Put the ....)

臥室

A. Ooh! Look at that big bug!!
B. Where?
A. It's on the **bed**!
B. I'LL get it.

床	**1.** bed	鏡子	**18.** mirror
床頭板	**2.** headboard	首飾	**19.** jewelry box
枕頭	**3.** pillow	梳妝臺	**20.** dresser/bureau
枕套	**4.** pillowcase	單人床	**21.** twin bed
床套	**5.** fitted sheet	床墊	**22.** mattress
床單	**6.** (flat) sheet	彈簧床座	**23.** box spring
毯子	**7.** blanket	雙人床	**24.** double bed
電熱毯	**8.** electric blanket	大號床	**25.** queen-size bed
床幕	**9.** dust ruffle	特大號床	**26.** king-size bed
床罩	**10.** bedspread	雙層床	**27.** bunk bed
被	**11.** comforter/quilt	帶輪矮床	**28.** trundle bed
床尾板	**12.** footboard	沙發床	**29.** sofa bed/convertible sofa
百葉窗	**13.** blinds	兩用床	**30.** day bed
床頭櫃	**14.** night table/nightstand	折叠床	**31.** cot
鬧鐘	**15.** alarm clock	水墊床	**32.** water bed
時鐘收音機	**16.** clock radio	斗篷床	**33.** canopy bed
五斗櫥	**17.** chest (of drawers)	病床	**34.** hospital bed

[In a store]

A. Excuse me. I'm looking for a/an _____.*
B. We have some very nice _____s. And they're all on sale this week.
A. Oh, good!

*With 13, use: Excuse me. I'm looking for _____.

[In a bedroom]

A. Oh, no! I just lost my contact lens!
B. Where?
A. I think it's on the _____.
B. I'll help you look.

Tell about your bedroom.
(In my bedroom there's …………)

A. I think we need a new **dishwasher**.
B. I think you're right.

洗碗機	**1.** dishwasher
洗碗粉	**2.** dishwasher detergent
洗碗液	**3.** dishwashing liquid
水龍頭	**4.** faucet
水槽	**5.** (kitchen) sink
吸垃圾機	**6.** (garbage) disposal
海綿	**7.** sponge
鋼絲團	**8.** scouring pad
刷鍋器	**9.** pot scrubber
碗架	**10.** dish rack
紙巾架	**11.** paper towel holder
擦碗布	**12.** dish towel
垃圾壓縮機	**13.** trash compactor
碗櫥	**14.** cabinet
微波爐	**15.** microwave (oven)
（廚房）臺面	**16.** (kitchen) counter
案板	**17.** cutting board
小罐	**18.** canister

煤氣灶	**19.** stove/range
煤氣爐頭	**20.** burner
烤箱	**21.** oven
隔熱手墊	**22.** potholder
烤麵包機	**23.** toaster
調味品架	**24.** spice rack
電動開罐刀	**25.** (electric) can opener
食譜	**26.** cookbook
冰箱	**27.** refrigerator
凍箱	**28.** freezer
造冰器	**29.** ice maker
冰格	**30.** ice tray
壓紙磁塊	**31.** refrigerator magnet
小餐桌	**32.** kitchen table
碗墊	**33.** placemat
椅子	**34.** kitchen chair
垃圾桶	**35.** garbage pail

[In a store]
A. Excuse me. Are your _____s still on sale?
B. Yes, they are. They're twenty percent off.

[In a kitchen]
A. When did you get this/these
new _____(s)?
B. I got it/them last week.

Tell about your kitchen.
(In my kitchen there's ....)

炊具

A. Could I possibly borrow your **wok**?
B. Sure. I'll get it for you right now.
A. Thanks.

炒菜鍋	**1.** wok		（電動）攪拌器	**23.** (electric) mixer
鍋	**2.** pot		剁碎機	**24.** food processor
平底深鍋	**3.** saucepan		電煎鍋	**25.** electric frying pan
鍋蓋	**4.** lid/cover/top		蛋餅模	**26.** waffle iron
平底鍋	**5.** frying pan/skillet		（電動）烘盤	**27.** (electric) griddle
烤盤	**6.** roasting pan		爆玉米花機	**28.** popcorn maker
烤鍋	**7.** roaster		攪拌機	**29.** blender
雙層蒸鍋	**8.** double boiler		磨碎器	**30.** grater
壓力鍋	**9.** pressure cooker		打蛋機	**31.** (egg) beater
濾器	**10.** colander		長柄勺	**32.** ladle
燉鍋	**11.** casserole (dish)		冰淇淋勺	**33.** ice cream scoop
製糕鍋	**12.** cake pan		餅干定形板	**34.** cookie cutter
餡餅盆	**13.** pie plate		濾網	**35.** strainer
烤餅鐵板	**14.** cookie sheet		壓蒜器	**36.** garlic press
和面碗	**15.** (mixing) bowl		開瓶器	**37.** bottle opener
擀麵杖	**16.** rolling pin		開罐器	**38.** can opener
量杯	**17.** measuring cup		打蛋器	**39.** whisk
量匙	**18.** measuring spoon		削皮刀	**40.** (vegetable) peeler
咖啡機	**19.** coffeemaker		菜刀	**41.** knife
咖啡豆碾磨機	**20.** coffee grinder		鍋鏟	**42.** spatula
茶壺	**21.** tea kettle		蘋果刀	**43.** paring knife
小烤箱	**22.** toaster oven			

A. What are you looking for?
B. I'm looking for the _____.*
A. Did you look in the drawers/ in the cabinets/next to the _____/..........?
B. Yes. I looked everywhere!

*With 2, 4, 12–15, 41, use: I'm looking for a _____.

[A Commercial]
Come to *Kitchen World*! We have everything you need for your kitchen, from _____s and _____s, to _____s and _____s. Are you looking for a new _____? Is it time to throw out your old _____? Come to *Kitchen World* today! We have everything you need!

What things do you have in your kitchen?
Which things do you use very often?
Which things do you rarely use?

育嬰室

A. Thank you for the **teddy bear.** It's a very nice gift.
B. You're welcome. Tell me, when are you due?
A. In a few more weeks.

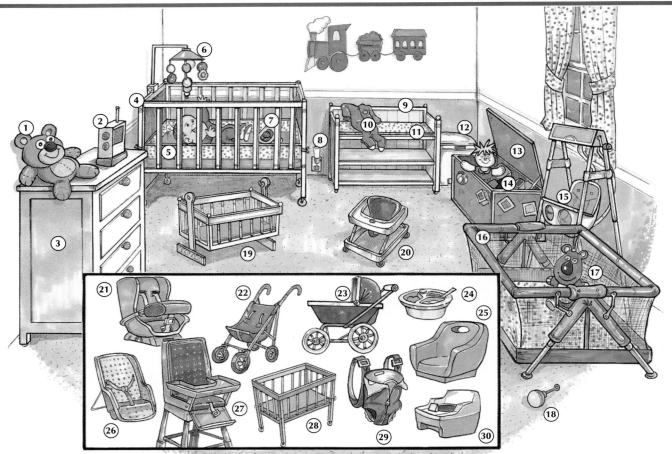

玩具熊	**1.** teddy bear	嬰兒圈欄	**16.** playpen
對講機	**2.** intercom	玩具動物	**17.** stuffed animal
五斗櫥	**3.** chest (of drawers)	搖鈴	**18.** rattle
嬰兒床	**4.** crib	搖籃	**19.** cradle
環床軟墊	**5.** crib bumper	學步車	**20.** walker
活動玩具	**6.** mobile	嬰兒車座	**21.** car seat
玩具	**7.** crib toy	嬰兒手推車	**22.** stroller
夜明燈	**8.** night light	嬰兒睡車	**23.** baby carriage
換衣臺	**9.** changing table/	食品保暖器	**24.** food warmer
	dressing table	椅架	**25.** booster seat
緊身衣	**10.** stretch suit	嬰兒椅	**26.** baby seat
換衣墊	**11.** changing pad	高椅	**27.** high chair
尿布桶	**12.** diaper pail	手提小床	**28.** portable crib
玩具箱	**13.** toy chest	負嬰背帶	**29.** baby carrier
玩具娃娃	**14.** doll	尿桶	**30.** potty
鞦韆	**15.** swing		

A. That's a very nice _____.
   Where did you get it?
B. It was a gift from ....

A. Do you have everything you
   need before the baby comes?
B. Almost everything. We're still
   looking for a/an _____ and
   a/an _____.

Tell about your country:
   What things do people buy for a
   new baby?
   Does a new baby sleep in a separate
   room, as in the United States?

育嬰用品

[1–12]
A. Do we need anything from the store?
B. Yes. Could you get some more **baby powder**?
A. Sure.

[13–17]
A. Do we need anything from the store?
B. Yes. Could you get another **pacifier**?
A. Sure.

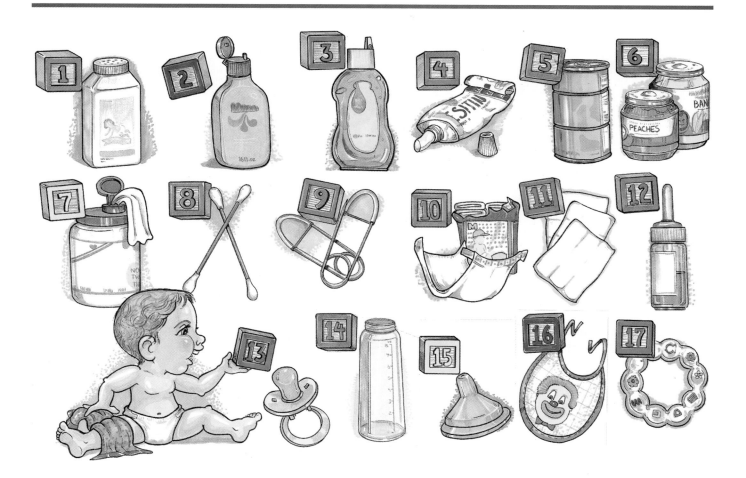

痱子粉	**1.** baby powder	一次性尿布	**10.** disposable diapers
嬰兒護膚霜	**2.** baby lotion	尿布	**11.** cloth diapers
嬰兒洗髮精	**3.** baby shampoo	維他命（口服液）	**12.** (liquid) vitamins
油膏	**4.** ointment	吸嘴	**13.** pacifier
配方食品	**5.** formula	奶瓶	**14.** bottle
嬰兒食品	**6.** baby food	（橡皮）奶頭	**15.** nipple
（嬰兒）面紙	**7.** (baby) wipes	圍兜	**16.** bib
棉簽	**8.** cotton swabs	咬環	**17.** teething ring
尿布別針	**9.** diaper pins		

[In a store]
A. Excuse me. I can't find the _____.*
B. I'm sorry. We're out of _____.* We'll have some more tomorrow.

[At home]
A. Honey? Where did you put the _____?
B. It's/They're in/on/next to the _____.

*With 13–17, use the plural.

In your opinion, which are better: cloth diapers or disposable diapers? Why?
Tell about baby products in your country.

盥洗室

A. Where's the **plunger**?
B. It's *next to* the **toilet**.

A. Where's the **toothbrush**?
B. It's *in* the **toothbrush holder**.

A. Where's the **washcloth**?
B. It's *on* the **towel rack**.

A. Where's the **mirror**?
B. It's *over* the **sink**.

通廁器	**1.** plunger	架子	**15.** shelf	液體肥皂	**28.** soap dispenser
抽水馬桶	**2.** toilet	吹風	**16.** hair dryer	洗牙機	**29.** Water Pik
（馬桶）水箱	**3.** toilet tank	電扇	**17.** fan	盥洗臺	**30.** vanity
馬桶座	**4.** toilet seat	鏡子	**18.** mirror	廢紙簍	**31.** wastebasket
空氣清潔器	**5.** air freshener	藥櫥	**19.** medicine cabinet/	淋浴	**32.** shower
衛生紙架	**6.** toilet paper holder		medicine chest	淋浴簾桿	**33.** shower curtain rod
衛生紙	**7.** toilet paper	水槽	**20.** (bathroom) sink	蓮蓬頭	**34.** shower head
馬桶刷	**8.** toilet brush	熱水龍頭	**21.** hot water faucet	淋浴簾圈	**35.** shower curtain rings
浴巾架	**9.** towel rack	冷水龍頭	**22.** cold water faucet	淋浴簾	**36.** shower curtain
浴巾	**10.** bath towel	漱口杯	**23.** cup	浴缸	**37.** bathtub/tub
手巾	**11.** hand towel	牙刷	**24.** toothbrush	下水道	**38.** drain
毛巾	**12.** washcloth/facecloth	牙刷架	**25.** toothbrush holder	防滑墊	**39.** rubber mat
髒衣桶	**13.** hamper	肥皂	**26.** soap	海綿	**40.** sponge
（浴室）磅秤	**14.** (bathroom) scale	肥皂盒	**27.** soap dish	腳墊	**41.** bath mat/bath rug

A. [Knock. Knock.] Did I leave my glasses in there?
B. Yes. They're on/in/next to the _____.

A. *Bobby?*
B. Yes, Mom/Dad?
A. You didn't clean up the bathroom! There's toothpaste on the _____ and there's powder all over the _____!
B. Sorry, Mom/Dad. I'll clean it up right away.

Tell about your bathroom.
(In my bathroom there's ....)

生活用品

[1–17]
A. Excuse me. Where can I find **toothbrush**es?
B. They're in the next aisle.
A. Thank you.

[18–38]
A. Excuse me. Where can I find **shampoo**?
B. It's in the next aisle.
A. Thank you.

牙刷	**1.** toothbrush	
梳子	**2.** comb	
髮刷	**3.** (hair) brush	
刮鬍刀	**4.** razor	
刀片	**5.** razor blades	
電動刮鬍刀	**6.** electric razor/ electric shaver	
止血筆	**7.** styptic pencil	
淋浴帽	**8.** shower cap	
指甲銼	**9.** nail file	
指甲砂銼	**10.** emery board	
指甲刀	**11.** nail clipper	
指甲刷	**12.** nail brush	
剪刀	**13.** scissors	
鑷子	**14.** tweezers	

扁髮夾	**15.** bobby pins
髮夾	**16.** hair clips
條狀髮夾	**17.** barrettes
洗髮精	**18.** shampoo
定髮水	**19.** conditioner/rinse
髮露	**20.** hairspray
牙膏	**21.** toothpaste
漱口液	**22.** mouthwash
牙線	**23.** dental floss
刮鬍膏	**24.** shaving creme
皮膚保養液	**25.** after shave lotion
除嗅劑	**26.** deodorant
痱子粉	**27.** powder
護膚膏	**28.** hand lotion
香水	**29.** perfume/cologne

鞋油	**30.** shoe polish
指甲油	**31.** nail polish
指甲油清除液	**32.** nail polish remover
化裝品	**makeup**
底色	**33.** base/foundation
胭脂	**34.** blush/rouge
唇膏	**35.** lipstick
眼瞼膏	**36.** eye shadow
眉筆	**37.** eye liner
睫毛油	**38.** mascara

A. I'm going to the drug store to get a/an _____.*
B. While you're there, could you also get a/an _____?*
A. Sure.

*With 5, 13–38, use: get _____.

A. Do you have everything for the trip?
B. I think so.
A. Did you remember to pack your _____?
B. Oops! I forgot. Thanks for reminding me.

You're going on a trip. Make a list of personal care products you need to take with you.

家庭衛生用具和洗衣設備

[1–17, 28–39]
A. Excuse me. Do you sell **broom**s?
B. Yes. They're at the back of the store.
A. Thanks.

[18–27]
A. Excuse me. Do you sell **laundry detergent**?
B. Yes. It's at the back of the store.
A. Thanks.

掃帚	**1.** broom	（海綿）拖把	**14.** (sponge) mop	地板蠟	**27.** floor wax
簸箕	**2.** dustpan	拖把	**15.** (wet) mop	紙巾	**28.** paper towels
撣帚	**3.** whisk broom	洗衣機	**16.** washing machine/	衣架	**29.** hanger
羽毛撣	**4.** feather duster		washer	衣簍	**30.** laundry basket
抹布	**5.** dust cloth	烘衣機	**17.** dryer	髒衣袋	**31.** laundry bag
熨斗	**6.** iron	洗衣粉	**18.** laundry detergent	洗衣槽	**32.** utility sink
熨衣板	**7.** ironing board	軟衣液	**19.** fabric softener	馬桶刷	**33.** scrub brush
地毯刷	**8.** carpet sweeper	漂白劑	**20.** bleach	海綿	**34.** sponge
吸塵器	**9.** vacuum (cleaner)	漿粉	**21.** starch	水桶	**35.** bucket/pail
吸塵器附件	**10.** vacuum cleaner	靜電中和紙	**22.** static cling remover	垃圾箱	**36.** trash can/
	attachments	去污粉	**23.** cleanser		garbage can
吸塵器塵袋	**11.** vacuum cleaner bag	玻璃清洗液	**24.** window cleaner	（廢品）回收箱	**37.** recycling bin
手提吸塵器	**12.** hand vacuum	液氨	**25.** ammonia	涼衣繩	**38.** clothesline
（幹）拖把	**13.** (dust) mop/	家具上光劑	**26.** furniture polish	衣夾	**39.** clothespins
	(dry) mop				

A. How do you like this/these
   _____?
B. It's/They're great!

A. They're having a big sale at Dave's Discount Store this week.
B. Oh, really? What's on sale?
A.   [18–27]   and   [1–17, 28–39] s.

Who does the cleaning and laundry in your home? What things does that person use?

A. When are you going to repair the **lamppost**?
B. I'm going to repair it next Saturday.

路燈柱	1. lamppost	車庫門	17. garage door
信箱	2. mailbox	車道	18. driveway
門前走道	3. front walk	排水槽	19. gutter
前門台階	4. front steps	排水管	20. drainpipe/downspout
門廊	5. (front) porch	屋後平台	21. deck
防風門	6. storm door	後門	22. back door
前門	7. front door	門把手	23. doorknob
門鈴	8. doorbell	紗門	24. screen door
（前門）燈	9. (front) light	邊門	25. side door
窗	10. window	衛星接收器	26. satellite dish
紗窗	11. (window) screen	石板涼台	27. patio
百葉窗	12. shutter	割草機	28. lawnmower
屋頂	13. roof	烤肉架	29. barbecue/(outdoor) grill
室外天線	14. TV antenna	躺椅	30. lawn chair
煙囪	15. chimney	工具棚	31. tool shed
車庫	16. garage		

[On the telephone]
A. Harry's Home Repairs.
B. Hello. Do you fix _____s?
A. No, we don't.
B. Oh, okay. Thank you.

[At work on Monday morning]
A. What did you do this weekend?
B. Nothing much. I repaired my _____ and my _____.

Do you like to repair things?
What things can you repair yourself?
What things can't you repair? Who repairs them?

公寓樓

A. Is there a **lobby**?
B. Yes, there is. Do you want to see the apartment?
A. Yes, I do.

大廳	**1.** lobby		火警器	**12.** fire alarm
對講機	**2.** intercom		垃圾傾卸槽	**13.** garbage chute
電鈴	**3.** buzzer		洗衣房	**14.** laundry room
信箱	**4.** mailbox		房屋管理員	**15.** superintendent
電梯	**5.** elevator		儲藏室	**16.** storage room
警衛	**6.** doorman		室內停車場	**17.** parking garage
測煙器	**7.** smoke detector		露天停車場	**18.** parking lot
窺視孔	**8.** peephole		陽台	**19.** balcony/terrace
門鏈	**9.** (door) chain		游泳池	**20.** swimming pool
保險鎖	**10.** dead-bolt lock		按摩水池	**21.** whirlpool
空調	**11.** air conditioner			

[Renting an apartment]
A. Let me show you around the building.*
B. Okay.
A. This is the _____ and here's the _____.
B. I see.

*With 7–11, use:
  Let me show you around the apartment.

[On the telephone]
A. Mom and Dad? I found an apartment.
B. Good. Tell us about it.
A. It has a/an _____ and a/an _____.
B. That's nice. Does it have a/an _____?
A. Yes, it does.

Tell about the differences between living in a house and in an apartment building.

A. Did you remember to pay the **carpenter**?
B. Yes. I wrote a check yesterday.

木工	**1.** carpenter		煤氣費	**12.** gas bill
修理工	**2.** handyman		電費	**13.** electric bill
油漆工	**3.** (house) painter		電話費	**14.** telephone bill
煙囪清潔工	**4.** chimney sweep		水費	**15.** water bill
電器修理工	**5.** appliance repair person		煤油費／暖氣費	**16.** oil bill/heating bill
電視修理工	**6.** TV repair person		有線電視費	**17.** cable TV bill
鎖匠	**7.** locksmith		除蟲費	**18.** pest control bill
園丁	**8.** gardener		房租	**19.** rent
電工	**9.** electrician		停車費	**20.** parking fee
水管工	**10.** plumber		購房貸款償還金	**21.** mortgage payment
殺蟲工	**11.** exterminator			

Pest 害虫

[1–11]
A. When is the _____ going to come?
B. This afternoon.

[12–21]
A. When is the _____ due?
B. It's due at the end of the month.

Tell about utilities, services, and repairs you pay for. How much do you pay?

工具

A. Could I borrow your **hammer***?
B. Sure.
A. Thanks.

*With 28–32, use: Could I borrow some _____s?

鐵槌	**1.** hammer	鑿子	**12.** chisel	漆刷	**23.** paintbrush/brush
螺絲起子	**2.** screwdriver	刮刀	**13.** scraper	油漆	**24.** paint
十字螺絲起子	**3.** Phillips screwdriver	虎頭鉗	**14.** vise	油漆稀釋劑	**25.** paint thinner
扳手	**4.** wrench	電鑽	**15.** electric drill	砂紙	**26.** sandpaper
鉗子	**5.** pliers	鑽頭	**16.** (drill) bit	電線	**27.** wire
鋼鋸	**6.** hacksaw	電鋸	**17.** power saw	釘子	**28.** nail
手斧	**7.** hatchet	水平儀	**18.** level	螺絲	**29.** screw
活動扳手	**8.** monkey wrench	刨子	**19.** plane	墊圈	**30.** washer
手鋸	**9.** saw	工具箱	**20.** toolbox	螺栓	**31.** bolt
手鑽	**10.** hand drill	油漆盒	**21.** (paint) pan	螺帽	**32.** nut
手搖曲柄鑽	**11.** brace	（油漆）滾筒	**22.** (paint) roller		

[1–4, 6–27]
A. Where's the _____?
B. It's on/next to/near/over/under the _____.

[5, 28–32]
A. Where are the _____(s)?
B. They're on/next to/near/over/under the _____.

Do you like to work with tools?
What tools do you have in your home?

園藝工具和家用器具

[1–16]
A. I can't find the **lawnmower**!
B. Look in the tool shed.
A. I did.
B. Oh! Wait a minute! I lent the **lawnmower** to the neighbors.

[17–32]
A. I can't find the **flashlight**!
B. Look in the utility cabinet.
A. I did.
B. Oh! Wait a minute! I lent the **flashlight** to the neighbors.

割草機	**1.** lawnmower	樹籬剪刀	**12.** hedge clippers	碼尺	**23.** yardstick
汽油桶	**2.** gas can	工作手套	**13.** work gloves	鼠夾	**24.** mousetrap
噴水器	**3.** sprinkler	菜籽	**14.** vegetable seeds	電池	**25.** batteries
水管	**4.** (garden) hose	肥料	**15.** fertilizer	燈泡	**26.** lightbulbs/bulbs
噴嘴	**5.** nozzle	青草籽	**16.** grass seed	保險絲	**27.** fuses
手推車	**6.** wheelbarrow	手電筒	**17.** flashlight	絕緣膠帶	**28.** electrical tape
灑水壺	**7.** watering can	蠅拍	**18.** fly swatter	潤滑油	**29.** oil
耙	**8.** rake	拖線	**19.** extension cord	膠水	**30.** glue
鋤	**9.** hoe	卷尺	**20.** tape measure	殺蟲噴劑	**31.** bug spray/ insect spray
小鏟	**10.** trowel	矮梯	**21.** step ladder	
鐵鍬	**11.** shovel	通廁器	**22.** plunger	殺蟑螂噴劑	**32.** roach killer

[1–11, 17–24]
A. I'm going to the hardware store. Can you think of anything we need?
B. Yes. We need a/an _____.
A. Oh, that's right.

[12–16, 25–32]
A. I'm going to the hardware store. Can you think of anything we need?
B. Yes. We need _____.
A. Oh, that's right.

What gardening tools and home supplies do you have? Tell about how and when you use each one.

數字

基數 **/ Cardinal Numbers**

1	one	11	eleven	21	twenty-one	101	one hundred (and) one
2	two	12	twelve	22	twenty-two	102	one hundred (and) two
3	three	13	thirteen	30	thirty	1,000	one thousand
4	four	14	fourteen	40	forty	10,000	ten thousand
5	five	15	fifteen	50	fifty	100,000	one hundred thousand
6	six	16	sixteen	60	sixty	1,000,000	one million
7	seven	17	seventeen	70	seventy		
8	eight	18	eighteen	80	eighty		
9	nine	19	nineteen	90	ninety		
10	ten	20	twenty	100	one hundred		

A. How old are you?
B. I'm _____ years old.

A. How many people are there in your family?
B. _____.

序數 **/ Ordinal Numbers**

1st	first	11th	eleventh	21st	twenty-first	101st	one hundred (and) first
2nd	second	12th	twelfth	22nd	twenty-second	102nd	one hundred (and) second
3rd	third	13th	thirteenth	30th	thirtieth	1000th	one thousandth
4th	fourth	14th	fourteenth	40th	fortieth	10,000th	ten thousandth
5th	fifth	15th	fifteenth	50th	fiftieth	100,000th	one hundred thousandth
6th	sixth	16th	sixteenth	60th	sixtieth	1,000,000th	one millionth
7th	seventh	17th	seventeenth	70th	seventieth		
8th	eighth	18th	eighteenth	80th	eightieth		
9th	ninth	19th	nineteenth	90th	ninetieth		
10th	tenth	20th	twentieth	100th	one hundredth		

A. What floor do you live on?
B. I live on the _____ floor.

A. Is this the first time you've seen this movie?
B. No. It's the _____ time.

數學

算術 / **Arithmetic**

加 addition	減 subtraction	乘 multiplication	除 division
2 **plus** 1 **equals*** 3.	8 **minus** 3 **equals*** 5.	4 **times** 2 **equals*** 8.	10 **divided by** 2 **equals*** 5.

*You can also say: **is**

A. How much is *two plus one*?
B. *Two plus one* equals/is *three*.

Make conversations for the arithmetic problems above and others.

分數 / **Fractions**

 ¼   ⅓   ½   ⅔   ¾

one quarter/ one fourth	one third	one half/ half	two thirds	three quarters/ three fourths

A. Is this on sale?
B. Yes. It's _____ off the regular price.

A. Is the gas tank almost empty?
B. It's about _____ full.

百分數 / **Percents**

 25%   50%    75%    100%

twenty-five percent	fifty percent	seventy-five percent	one hundred percent

author

A. How did you do on the test?
B. I got _eighty_ percent of the answers right.

A. What's the weather forecast? 預報
B. There's a _ten_ percent chance of rain.

Research and discuss:
What percentage of the people in your country live in cities? live on farms? work in factories? vote in national elections?

mystery 神秘

報時

 2:00

two o'clock

 2:15

two fifteen/
a quarter after *two*

 2:30

two thirty/
half past *two*

 2:45

two forty-five
a quarter to *three*

 2:05

two oh five

 2:20

two twenty/
twenty after *two*

 2:40

two forty/
twenty to *three*

2:55

two fifty-five
five to *three*

A. What time is it?
B. It's _____.

A. What time does the movie begin?
B. At _____.

two a.m.

two p.m.

noon/
twelve noon

midnight/
twelve midnight

A. When does the train leave?
B. At _____.

A. What time will we arrive?
B. At _____.

Tell about your daily schedule:
   What do you do? When?
   (I get up at _____. I ....)
Do you usually have enough time to do things, or do you run
   out of time? Explain.
If there were 25 hours in a day, what would you do with the
   extra hour? Why?

Tell about the use of time in different cultures or countries
you are familiar with:
   Do people arrive on time for work? appointments? parties?
   Do trains and buses operate exactly on schedule?
   Do movies and sports events begin on time?
   Do workplaces use time clocks or timesheets to record
   employees' work hours?

日曆

1. **year**

一九九九年   nineteen ninety-nine

2. **month**

一月	January
二月	February
三月	March
四月	April
五月	May
六月	June
七月	July
八月	August
九月	September
十月	October
十一月	November
十二月	December

3. **day**

星期天	Sunday
星期一	Monday
星期二	Tuesday
星期三	Wednesday
星期四	Thursday
星期五	Friday
星期六	Saturday

4. **date**

一九九九年一月二日   January 2, 1999
1/2/99
January second,
nineteen ninety-nine

A. What year is it?
B. It's _____.

A. What month is it?
B. It's _____.

A. What day is it?
B. It's _____.

A. What's today's date?
B. Today is _____.

When did you begin to study English?
What days of the week do you study English? (I study
   English on _____.)

When is your birthday? (My birthday is on _____.)
What are your favorite months of the year? Why?
What are your least favorite months of the year? Why?

公共場所（一）

A. Where are you going?
B. I'm going to the **appliance store**.

電器商店	**1.** appliance store	托兒所	**9.** child-care center/day-care center
汽車商	**2.** auto dealer/car dealer	洗衣店／乾洗店	**10.** cleaners/dry cleaners
麵包店	**3.** bakery	甜圈店	**11.** donut shop
銀行	**4.** bank	診所	**12.** clinic
理髮店	**5.** barber shop *salon*	時裝店	**13.** clothing store
書店	**6.** book store	咖啡館	**14.** coffee shop
長途汽車站	**7.** bus station	電腦商店	**15.** computer store *Gateway*
自助餐館	**8.** cafeteria		

Civic Arts plaza

音樂廳	**16.** concert hall	家具店	**24.** furniture store
日用品商店	**17.** convenience store	加油站／維修站	**25.** gas station/service station
影印店	**18.** copy center		
熟食店	**19.** delicatessen/deli	食品店	**26.** grocery store
百貨商店	**20.** department store	美容所	**27.** hair salon
廉價商店	**21.** discount store	五金店	**28.** hardware store
藥房	**22.** drug store/pharmacy	健身院／療養院	**29.** health club/spa
花店	**23.** flower shop/florist	醫院	**30.** hospital

A. Hi! How are you today?
B. Fine. Where are you going?
A. To the _____. How about you?
B. I'm going to the _____.

A. Oh, no! I can't find my wallet/purse!
B. Did you leave it at the _____?
A. Maybe I did.

Which of these places are in your neighborhood?
(In my neighborhood there's a/an ....)

公共場所（二）

A. Where's the **hotel**?
B. It's right over there.

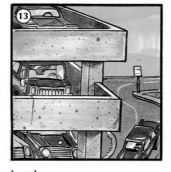

旅館	**1.** hotel	博物館	**9.** museum
冰淇淋店	**2.** ice cream shop	音樂書店	**10.** music store
首飾店	**3.** jewelry store	夜總會	**11.** night club
公共洗衣房	**4.** laundromat	公園	**12.** park
圖書館	**5.** library	室內停車場	**13.** (parking) garage
孕婦服裝店	**6.** maternity shop	露天停車場	**14.** parking lot
汽車旅店	**7.** motel	寵物商店	**15.** pet shop
電影院	**8.** movie theater		

照相器材店	**16.** photo shop	戲院	**24.** theater
意大利薄餅店	**17.** pizza shop	玩具商店	**25.** toy store
郵局	**18.** post office	火車站	**26.** train station
餐館	**19.** restaurant	旅行社	**27.** travel agency
學校	**20.** school	錄影帶店	**28.** video store
鞋店	**21.** shoe store	眼鏡店	**29.** vision center/eyeglass store
購物中心	**22.** (shopping) mall	動物園	**30.** zoo
超級市場	**23.** supermarket		

A. Is there a/an _____ nearby?
B. Yes. There's a/an _____ around the corner.

A. Excuse me. Where's the _____?
B. It's down the street, next to the _____.
A. Thank you.

Which of these places are in your neighborhood?
(In my neighborhood there's a/an ....)

市容

A. Where's the _____?
B. On/In/Next to/Between/Across from/
In front of/Behind/Under/Over the _____.

垃圾桶	**1.** trash container	下水道入孔	**11.** manhole
警察局	**2.** police station	公共汽車站	**12.** bus stop
監獄	**3.** jail	出租汽車	**13.** taxi/cab/taxicab
法院	**4.** courthouse	出租汽車司機	**14.** taxi driver/cab driver
長凳	**5.** bench	公共汽車	**15.** bus
路燈	**6.** street light	公共汽車司機	**16.** bus driver
冰淇淋車	**7.** ice cream truck	停車計時儀	**17.** parking meter
人行道	**8.** sidewalk	抄牌員	**18.** meter maid
路邊	**9.** curb	地鐵	**19.** subway
馬路	**10.** street	地鐵站	**20.** subway station

電線桿	**21.** utility pole		火警盒	**30.** fire alarm box
出租汽車站	**22.** taxi stand		十字路口	**31.** intersection
電話亭	**23.** phone booth		警察	**32.** police officer
公用電話	**24.** public telephone		行人穿越道	**33.** crosswalk
下水道	**25.** sewer		行人	**34.** pedestrian
路標	**26.** street sign		紅綠燈	**35.** traffic light/traffic signal
消防站	**27.** fire station		垃圾車	**36.** garbage truck
辦公大樓	**28.** office building		書報攤	**37.** newsstand
駕車購物窗口	**29.** drive-through window		小販	**38.** street vendor

[An Election Speech]

If I am elected mayor, I'll take care of all the problems we have in our city. We need to do something about our _____s. We also need to do something about our _____s. And look at our _____s! We REALLY need to do something about THEM! We need a new mayor who can solve these problems. If I am elected mayor, we'll be proud of our _____s, _____s, and _____s again! Vote for me!

Step outside. Look around. Describe everything you see.

高一矮	**1–2**	tall – short		新一舊	**27–28**	new – old
長一短	**3–4**	long – short		少一老	**29–30**	young – old
大一小	**5–6**	large/big – small/little		好一壞	**31–32**	good – bad
高一低	**7–8**	high – low		熱一冷	**33–34**	hot – cold
重/胖一輕/瘦	**9–10**	heavy/fat – thin/skinny		軟一硬	**35–36**	soft – hard
重一輕	**11–12**	heavy – light		容易一困難	**37–38**	easy – difficult/hard
鬆一緊	**13–14**	loose – tight		光滑一粗糙	**39–40**	smooth – rough
快一慢	**15–16**	fast – slow		整齊一混亂	**41–42**	neat – messy
直一彎	**17–18**	straight – crooked		清潔一骯髒	**43–44**	clean – dirty
直一卷曲	**19–20**	straight – curly		吵鬧一安靜	**45–46**	noisy/loud – quiet
寬一窄	**21–22**	wide – narrow		已婚一單身	**47–48**	married – single
厚一薄	**23–24**	thick – thin		富裕一貧窮	**49–50**	rich/wealthy – poor
暗一亮	**25–26**	dark – light				

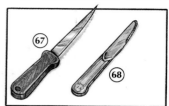

漂亮／標致 — 醜陋	**51–52** pretty/beautiful – ugly	昂貴 — 便宜	**61–62** expensive – cheap/inexpensive
帥／英俊 — 醜陋	**53–54** handsome – ugly	花俏 — 單調	**63–64** fancy – plain
濕 — 乾	**55–56** wet – dry	光亮 — 暗淡	**65–66** shiny – dull
開 — 關	**57–58** open – closed	鋒利 — 鈍	**67–68** sharp – dull
滿 — 空	**59–60** full – empty		

[1–2]
A. Is your sister **tall**?
B. No. She's **short**.

1–2	Is your sister _____?	35–36	Is your pillow _____?
3–4	Is his hair _____?	37–38	Is today's homework _____?
5–6	Is their dog _____?	39–40	Is your skin _____?
7–8	Is the bridge _____?	41–42	Is your desk _____?
9–10	Is your friend _____?	43–44	Are the dishes _____?
11–12	Is the box _____?	45–46	Is your neighbor _____?
13–14	Are the pants _____?	47–48	Is your sister _____?
15–16	Is the train _____?	49–50	Is your uncle _____?
17–18	Is the path _____?	51–52	Is the witch _____?
19–20	Is his hair _____?	53–54	Is the pirate _____?
21–22	Is that street _____?	55–56	Are the clothes _____?
23–24	Is the line _____?	57–58	Is the door _____?
25–26	Is the room _____?	59–60	Is the pitcher _____?
27–28	Is your car _____?	61–62	Is that restaurant _____?
29–30	Is he _____?	63–64	Is the dress _____?
31–32	Are your neighbor's children _____?	65–66	Is your kitchen floor _____?
33–34	Is the water _____?	67–68	Is the knife _____?

A. Tell me about your ....
B. He's/She's/It's/They're _____.

A. Is your .... _____?
B. No, not at all. As a matter of fact, he's/she's/it's/they're
_____.

Describe yourself.
Describe a person you know.
Describe one of your favorite places.

人體狀況和情感

A. You look **tired**.
B. I am. I'm VERY **tired**.

累	**1.** tired		有病／不舒服	**9.** sick/ill
倦	**2.** sleepy		快活	**10.** happy
精疲力盡	**3.** exhausted		興奮	**11.** ecstatic
熱	**4.** hot		傷心／不快活	**12.** sad/unhappy
冷	**5.** cold		可憐的	**13.** miserable
餓	**6.** hungry		喜悅	**14.** pleased
渴	**7.** thirsty		失望	**15.** disappointed
飽	**8.** full		不愉快	**16.** upset

生氣	**17.** annoyed		擔憂	**25.** worried
受挫	**18.** frustrated		害怕	**26.** scared/afraid
動肝火	**19.** angry/mad		壓倦	**27.** bored
勃然大怒	**20.** furious		自尊／自豪／自大	**28.** proud
厭惡	**21.** disgusted		發窘	**29.** embarrassed
驚訝	**22.** surprised		羞恥的	**30.** ashamed
震驚	**23.** shocked		妒忌	**31.** jealous
緊張	**24.** nervous		（弄）糊塗	**32.** confused

A. Are you _____?
B. No. Why do you ask? Do I
   LOOK _____?
A. Yes. You do.

A. I'm _____.
B. Why?
A. …………

What makes you happy? sad? mad?
When do you feel nervous? annoyed?
Do you ever feel embarrassed? When?

水果

[1–22]

A. This **apple** is delicious! Where did you get it?

B. At *Shaw's Supermarket.*

[23–31]

A. These **grapes** are delicious! Where did you get them?

B. At *Farmer Fred's Fruit Stand.*

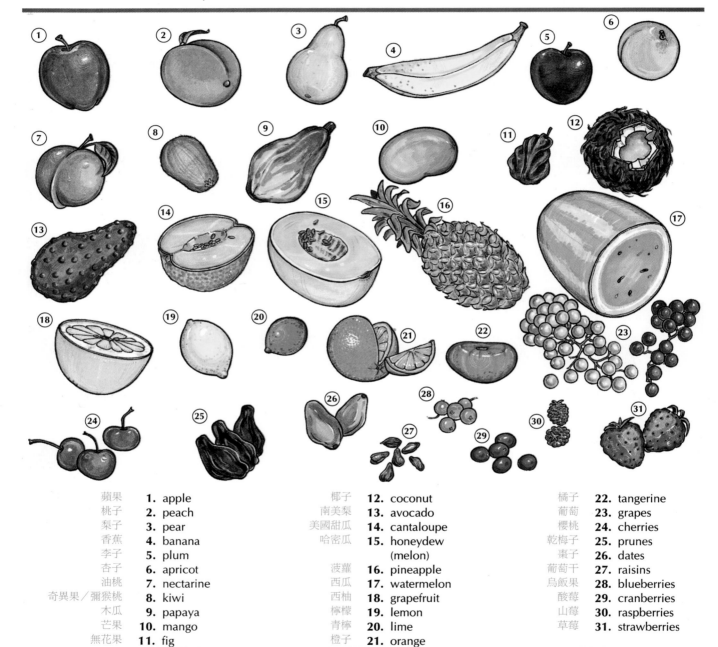

蘋果	**1.** apple	椰子	**12.** coconut	橘子	**22.** tangerine
桃子	**2.** peach	南美梨	**13.** avocado	葡萄	**23.** grapes
梨子	**3.** pear	美國甜瓜	**14.** cantaloupe	櫻桃	**24.** cherries
香蕉	**4.** banana	哈密瓜	**15.** honeydew	乾梅子	**25.** prunes
李子	**5.** plum		(melon)	棗子	**26.** dates
杏子	**6.** apricot	波蘿	**16.** pineapple	葡萄干	**27.** raisins
油桃	**7.** nectarine	西瓜	**17.** watermelon	烏飯果	**28.** blueberries
奇異果／彌猴桃	**8.** kiwi	西柚	**18.** grapefruit	酸莓	**29.** cranberries
木瓜	**9.** papaya	檸檬	**19.** lemon	山莓	**30.** raspberries
芒果	**10.** mango	青檸	**20.** lime	草莓	**31.** strawberries
無花果	**11.** fig	橙子	**21.** orange		

A. I'm hungry. Do we have any fruit?

B. Yes. We have _____s* and _____s.*

*With 14–18, use:
We have _____ and _____.

A. Do we have any more _____s?†

B. No. I'll get some more when I go to the supermarket.

†With 14–18, use:
Do we have any more _____?

What are your most favorite fruits?
What are your least favorite fruits?
Which of these fruits grow where you live?
Name and describe other fruits you are familiar with.

A. What do we need from the supermarket?
B. We need **lettuce*** and **pea**s.†

*1–12   †13–36

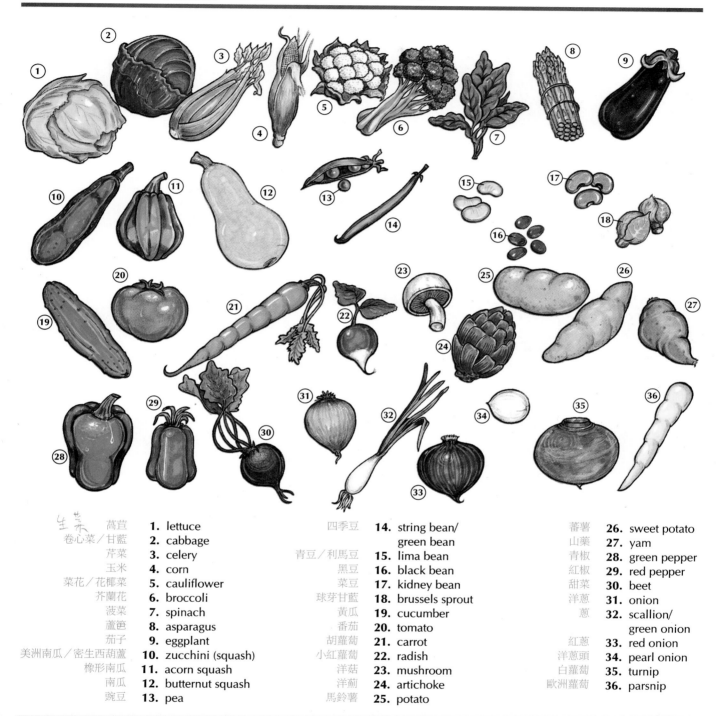

	生菜 萵苣	**1.** lettuce	四季豆	**14.** string bean/ green bean	蕃薯	**26.** sweet potato
卷心菜／甘藍	**2.** cabbage			山藥	**27.** yam
芹菜	**3.** celery	青豆／利馬豆	**15.** lima bean	青椒	**28.** green pepper
玉米	**4.** corn	黑豆	**16.** black bean	紅椒	**29.** red pepper
菜花／花椰菜	**5.** cauliflower	菜豆	**17.** kidney bean	甜菜	**30.** beet
芥蘭花	**6.** broccoli	球芽甘藍	**18.** brussels sprout	洋蔥	**31.** onion
菠菜	**7.** spinach	黃瓜	**19.** cucumber	蔥	**32.** scallion/ green onion
蘆筍	**8.** asparagus	番茄	**20.** tomato		
茄子	**9.** eggplant	胡蘿蔔	**21.** carrot	紅蔥	**33.** red onion
美洲南瓜／密生西胡蘆	**10.** zucchini (squash)	小紅蘿蔔	**22.** radish	洋蔥頭	**34.** pearl onion
橡形南瓜	**11.** acorn squash	洋菇	**23.** mushroom	白蘿蔔	**35.** turnip
南瓜	**12.** butternut squash	洋薊	**24.** artichoke	歐洲蘿蔔	**36.** parsnip
豌豆	**13.** pea	馬鈴薯	**25.** potato		

A. How do you like the
   [1–12] / [13–36] s?
B. It's/They're delicious.

A. *Johnny?* Finish your vegetables!
B. But you KNOW I hate
   [1–12] / [13–36] s!
A. I know. But it's/they're good
   for you!

Which vegetables do you like?
Which vegetables don't you like?
Which of these vegetables grow where
   you live?
Name and describe other vegetables
   you are familiar with.

A. I'm going to the supermarket to get **milk** and **soup**.*
   Do we need anything else?
B. Yes. We also need **cereal** and **soda**.*

*With 43, 44, 46, 49, and 55, use: a _____.

乳制品	**A. Dairy Products**	罐頭	**B. Canned Goods**	果汁	**D. Juice**

乳制品	**A. Dairy Products**		罐頭	**B. Canned Goods**		果汁	**D. Juice**
牛奶	**1.** milk		湯	**15.** soup		蘋果汁	**26.** apple juice
低脂牛奶	**2.** low-fat milk		金鮪魚肉	**16.** tuna fish		鳳梨汁	**27.** pineapple juice
脫脂牛奶	**3.** skim milk		（罐頭）蔬菜	**17.** (canned) vegetables		西柚汁	**28.** grapefruit juice
巧克力牛奶	**4.** chocolate milk		（罐頭）水果	**18.** (canned) fruit		番茄汁	**29.** tomato juice
脫脂酸牛奶	**5.** buttermilk					混合水果飲料	**30.** fruit punch
橙汁	**6.** orange juice†		盒裝食品	**C. Packaged Goods**		葡萄汁	**31.** grape juice
乳酪	**7.** cheese		谷片	**19.** cereal		酸梅汁	**32.** cranberry juice
牛油	**8.** butter		甜餅干	**20.** cookies		盒裝果汁	**33.** juice paks
人造牛油	**9.** margarine		咸餅干	**21.** crackers		衝劑	**34.** powdered drink mix
酸奶油	**10.** sour cream		意大利麵	**22.** spaghetti			
干酪花	**11.** cream cheese		麵條	**23.** noodles		飲料	**E. Beverages**
白干酪	**12.** cottage cheese		意大利空心麵	**24.** macaroni		汽水	**35.** soda
酸奶酪	**13.** yogurt		米	**25.** rice		減肥汽水	**36.** diet soda
蛋	**14.** eggs					飲用水	**37.** bottled water

† Orange juice is not a dairy product, but is usually found in this section.

家禽	**F. Poultry**		排骨	**53.** ribs		貽貝	**66.** mussels
雞	**38.** chicken		香腸	**54.** sausages		蛤	**67.** clams
雞腿	**39.** chicken legs		火腿	**55.** ham		螃蟹	**68.** crabs
雞腿下段	**40.** drumsticks		鹹／薰肉	**56.** bacon		龍蝦	**69.** lobster
雞胸	**41.** chicken breasts						
雞翅膀	**42.** chicken wings		海鮮	**H. Seafood**		麵制品	**I. Baked Goods**
火雞	**43.** turkey		魚	FISH		英國圓麵包	**70.** English muffins
鴨	**44.** duck		鮭魚	**57.** salmon		蛋糕	**71.** cake
			大比目魚	**58.** halibut		中東圓麵包	**72.** pita bread
肉	**G. Meat**		比目魚	**59.** flounder		圓麵包	**73.** rolls
絞牛肉	**45.** ground beef		旗魚／箭魚	**60.** swordfish		麵包	**74.** bread
烤肉	**46.** roast		鱈魚	**61.** haddock			
牛排	**47.** steak		鱒魚	**62.** trout		冷凍食品	**J. Frozen Foods**
燉肉	**48.** stewing meat					冰淇淋	**75.** ice cream
羊腿	**49.** leg of lamb		水生貝殼	SHELLFISH		冷凍蔬菜	**76.** frozen vegetables
羊肉	**50.** lamb chops		牡蠣	**63.** oysters		冷凍晚餐	**77.** frozen dinners
豬肉	**51.** pork		扇貝	**64.** scallops		凍檸檬汁	**78.** frozen lemonade
豬排	**52.** pork chops		蝦	**65.** shrimp		凍橙汁	**79.** frozen orange juice

A. Excuse me. Where can I find __[1–79]__ ?
B. In the __[A–J]__ Section, next to the __[1–79]__ .
A. Thank you.

A. Pardon me. I'm looking for __[1–79]__ .
B. It's/They're in the __[A–J]__ Section, between the __[1–79]__ and the __[1–79]__ .
A. Thanks.

Which of these foods do you like?
Which foods are good for you?
What brands of these foods do you buy?

[1–70]

A. Look! _____ is/are on sale this week!

B. Let's get some!

熟食	**A. Deli**	零食	**B. Snack Foods**	蛋黃醬	**33.** mayonnaise
烤牛肉	**1.** roast beef	炸馬鈴薯片	**16.** potato chips	(菜)油	**34.** (cooking) oil
大紅腸	**2.** bologna	炸玉米片	**17.** corn chips	橄欖油	**35.** olive oil
意大利香腸	**3.** salami	墨西哥炸玉米片	**18.** tortilla chips	醋	**36.** vinegar
火腿	**4.** ham	墨西哥辣炸玉米片	**19.** nacho chips	生菜調味汁／	**37.** salad dressing
火雞	**5.** turkey	椒鹽脆餅條	**20.** pretzels	沙拉醬	
鹹牛肉	**6.** corned beef	爆玉米花	**21.** popcorn		
美國乳酪	**7.** American cheese	果仁	**22.** nuts	咖啡和茶	**D. Coffee and Tea**
瑞士乳酪	**8.** Swiss cheese	花生	**23.** peanuts	咖啡	**38.** coffee
意大利乾酪	**9.** provolone			去咖啡因咖啡	**39.** decaffeinated coffee/
意大利白乾酪	**10.** mozzarella	調味品	**C. Condiments**		decaf coffee
英國乳酪	**11.** cheddar cheese	番茄醬	**24.** ketchup	袋泡茶	**40.** tea
凉拌馬鈴薯	**12.** potato salad	芥末	**25.** mustard	茶葉	**41.** herbal tea
凉拌卷心菜絲	**13.** cole slaw	調味品	**26.** relish	可可粉	**42.** cocoa/
凉拌空心面	**14.** macaroni salad	酸黃瓜	**27.** pickles		hot chocolate mix
凉拌海鮮	**15.** seafood salad	橄欖	**28.** olives		
		鹽	**29.** salt	麵食原料	**E. Baking Products**
		胡椒粉	**30.** pepper	麵粉	**43.** flour
		香料	**31.** spices	糖	**44.** sugar
		醬油	**32.** soy sauce	蛋糕粉	**45.** cake mix

果醬和果凍	**F. Jams and Jellies**	液體肥皂	60. liquid soap	顧客	73. shopper/customer
果醬	**46.** jam	鋁箔	61. aluminum foil	帳臺／收銀台	74. checkout counter
果凍	**47.** jelly	保鮮膜	62. plastic wrap	傳送帶	75. conveyor belt
橘子醬	**48.** marmalade	蠟紙	63. waxed paper	優惠券	76. coupons
花生醬	**49.** peanut butter			(自動記價) 掃描器	77. scanner
		嬰兒用品	**I. Baby Products**	秤	78. scale
紙製品	**G. Paper Products**	嬰兒麥片	**64.** baby cereal	收銀機	79. cash register
面紙	**50.** tissues	配方食品／奶粉	**65.** formula	收銀員	80. cashier
餐巾紙	**51.** napkins	嬰兒食品	**66.** baby food	塑料袋	81. plastic bag
衛生紙	**52.** toilet paper	(濕) 紙巾	**67.** wipes	紙袋	82. paper bag
紙杯	**53.** paper cups	一次性尿布	**68.** (disposable) diapers	裝袋工	83. bagger/packer
紙盤	**54.** paper plates			快速帳台	84. express checkout (line)
吸管	**55.** straws	寵物食品	**J. Pet Food**	小報	85. tabloid (newspaper)
紙巾	**56.** paper towels	貓食	**69.** cat food	雜誌	86. magazine
		狗食	**70.** dog food	泡泡糖／口香糖	87. (chewing) gum
日用品	**H. Household Items**			糖果	88. candy
三明治袋	**57.** sandwich bags	出口	**K. Checkout Area**	食品籃	89. shopping basket
垃圾袋	**58.** trash bags	走廊	**71.** aisle		
肥皂	**59.** soap	購物推車	**72.** shopping cart		

A. Do we need __[1–70]__ ?
B. No, but we need __[1–70]__.

A. We forgot to get __[1–70]__ !
B. I'll get it/them.
   Where is it?/Where are they?
A. In the __[A–J]__ Section over
   there.

Make a complete shopping list of
everything you need from the
supermarket.
Describe the differences between U.S.
supermarkets and food stores in
your country.

容器和數量

A. Would you please get a **bag** of *flour* when you go to the supermarket?

B. A **bag** of *flour*? Sure. I'd be happy to.

A. Would you please get two **head**s of *lettuce* when you go to the supermarket?

B. Two **head**s of *lettuce*? Sure. I'd be happy to.

袋	**1.** bag	
塊	**2.** bar	
瓶	**3.** bottle	
盒	**4.** box	

把/串/束	**5.** bunch	
罐	**6.** can	
（紙）盒	**7.** carton	
（各種）容器	**8.** container	

打	**9.** dozen*	
穗	**10.** ear	
顆	**11.** head	
（大口）瓶	**12.** jar	

* "a dozen eggs," NOT "a dozen of eggs."

一條-几條	**13.** loaf–loaves	枝	**18.** stick	半加侖	**22.** half-gallon
小包	**14.** pack	桶／盆	**19.** tub	加侖	**23.** gallon
包	**15.** package	品脱	**20.** pint	升	**24.** liter
卷	**16.** roll	誇脱	**21.** quart	磅	**25.** pound
六罐裝	**17.** six-pack				

[At home]
A. What did you get at the supermarket?
B. I got _____, _____, and _____.

[In a supermarket]
A. Is this checkout counter open?
B. Yes, but this is the express line. Do you have more than eight items?
B. No. I only have _____, _____, and _____.

Open your kitchen cabinets and refrigerator. Make a list of all the things you find.
What do you do with empty bottles, jars, and cans? Do you recycle them, reuse them, or throw them away?

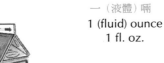

一茶匙
teaspoon
tsp.

一湯匙
tablespoon
Tbsp.

一（液體）嗯
1 (fluid) ounce
1 fl. oz.

一杯
cup
8 fl. ozs.

一品脱（十六嗯）
pint
pt.
16 fl. ozs.

一誇脱（三十二嗯）
quart
qt.
32 fl. ozs.

一加侖（一百二十八嗯）
gallon
gal.
128 fl. ozs.

A. How much water should I put in?
B. The recipe says to add one _____ of water.

A. This fruit punch is delicious! What's in it?
B. Two _____s of orange juice, three _____s
of grape juice, and a _____ of apple juice.

一嗯
an ounce
oz.

四份之一磅
（四嗯）
a quarter
of a pound
¼ lb.
4 ozs.

半磅
（八嗯）
half a pound
½ lb.
8 ozs.

四份之三磅
（十二嗯）
three-quarters
of a pound
¾ lb.
12 ozs.

一磅
（十六嗯）
a pound
lb.
16 ozs.

A. How much roast beef would you like?
B. I'd like _____, please.

A. This chili tastes very good! What did you
put in it?
B. _____ of ground beef, _____ of beans,
_____ of tomatoes, and _____ of
chili powder.

A. Can I help?
B. Yes. Please **cut up** the *vegetables*.

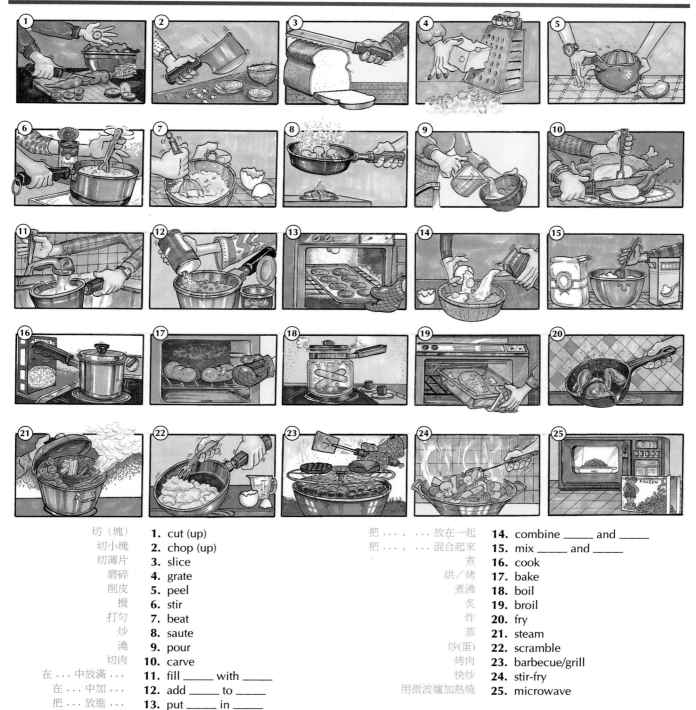

切（塊）	**1.** cut (up)		把···，···放在一起	**14.** combine _____ and _____
切小塊	**2.** chop (up)		把···，···混合起來	**15.** mix _____ and _____
切薄片	**3.** slice		煮	**16.** cook
磨碎	**4.** grate		烘／烤	**17.** bake
削皮	**5.** peel		煮沸	**18.** boil
攪	**6.** stir		炙	**19.** broil
打勻	**7.** beat		炸	**20.** fry
炒	**8.** saute		蒸	**21.** steam
澆	**9.** pour		炒(蛋)	**22.** scramble
切肉	**10.** carve		烤肉	**23.** barbecue/grill
在···中放滿···	**11.** fill _____ with _____		快炒	**24.** stir-fry
在···中加···	**12.** add _____ to _____		用微波爐加熱燒	**25.** microwave
把···放進···	**13.** put _____ in _____			

[1–25] A. What are you doing?
B. I'm _____ing the ....

[16–25] A. How long should I _____ the ....?
B. For .... minutes/seconds.

What's your favorite recipe? Give instructions and use the units of measure on page 52. For example:
   Mix a cup of flour and two tablespoons of sugar.
   Add half a pound of butter.
   Bake at 350° (degrees) for twenty minutes.

快餐和三明治

甜圈	**1.** donut	
圓蛋糕	**2.** muffin	
硬麵包圈	**3.** bagel	
果子麵包	**4.** bun	
丹麥甜餅	**5.** danish/pastry	
軟餅	**6.** biscuit	
羊角面包	**7.** croissant	
牛肉餅	**8.** hamburger	
乳酪餅	**9.** cheeseburger	
熱狗	**10.** hot dog	
西班牙玉米卷	**11.** taco	
一片意大利薄餅	**12.** slice of pizza	
一碗辣椒	**13.** bowl of chili	
（點）一份炸雞	**14.** order of fried chicken	

可口可樂／減肥可樂／百事可樂／七喜汽水	**15.** Coke/Diet Coke/Pepsi/7–Up/…
檸檬汁	**16.** lemonade
咖啡	**17.** coffee
去咖啡因咖啡	**18.** decaf coffee
茶	**19.** tea
冰茶	**20.** iced tea
牛奶	**21.** milk
鮪魚三明治	**22.** tuna fish sandwich
雞蛋三明治	**23.** egg salad sandwich
雞肉拌生菜三明治	**24.** chicken salad sandwich
火腿乳酪三明治	**25.** ham and cheese sandwich

烤牛肉三明治	**26.** roast beef sandwich
鹹牛肉三明治	**27.** corned beef sandwich
鹹豬肉夾萵苣、番茄三明治	**28.** BLT/bacon, lettuce,and tomato sandwich
白麵包	**29.** white bread
黑麥麵包	**30.** rye bread
保麩麵包	**31.** whole wheat bread
裸麥粗麵包	**32.** pumpernickel
中東圓麵包	**33.** pita bread
圓麵包	**34.** a roll
尖角麵包	**35.** a submarine roll

A. May I help you?
B. Yes. I'd like a/an [1–14] , please.
A. Anything to drink?
B. Yes. I'll have a small/medium-size/large/extra-large [15–21] .

A. I'd like a [22–28] on [29–35] , please.
B. What do you want on it?
A. Lettuce/tomato/mayonnaise/mustard/…

餐館

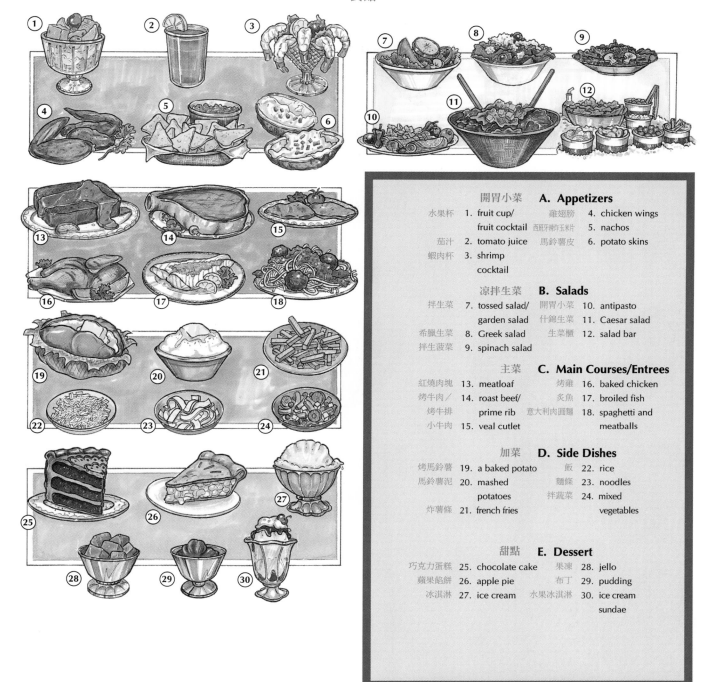

開胃小菜 A. Appetizers

水果杯　1. fruit cup/
　　　　　 fruit cocktail
茄汁　　2. tomato juice
蝦肉杯　3. shrimp
　　　　　 cocktail

雞翅膀　4. chicken wings
西班牙辣炸玉米片　5. nachos
馬鈴薯皮　6. potato skins

涼拌生菜 B. Salads

拌生菜　7. tossed salad/
　　　　　 garden salad
希臘生菜　8. Greek salad
拌生菠菜　9. spinach salad

開胃小菜　10. antipasto
什錦生菜　11. Caesar salad
生菜櫃　 12. salad bar

主菜 C. Main Courses/Entrees

紅燒肉塊　13. meatloaf
烤牛肉／　14. roast beef/
烤牛排　　　 prime rib
小牛肉　 15. veal cutlet

烤雞　 16. baked chicken
炙魚　 17. broiled fish
意大利肉圓麵　18. spaghetti and
　　　　　　　　 meatballs

加菜 D. Side Dishes

烤馬鈴薯　19. a baked potato
馬鈴薯泥　20. mashed
　　　　　　 potatoes
炸薯條　 21. french fries

飯　 22. rice
麵條　23. noodles
拌蔬菜　24. mixed
　　　　　 vegetables

甜點 E. Dessert

巧克力蛋糕　25. chocolate cake
蘋果餡餅　 26. apple pie
冰淇淋　　 27. ice cream

果凍　28. jello
布丁　29. pudding
水果冰淇淋　30. ice cream
　　　　　　　 sundae

[Ordering dinner]

A. May I take your order?
B. Yes, please. For the appetizer I'd like the _[1–6]_ .
A. And what kind of salad would you like?
B. I'll have the _[7–12]_ .
A. And for the main course?
B. I'd like the _[13–18]_ , please.
A. What side dish would you like with that?
B. Hmm. I think I'll have _[19–24]_ .

[Ordering dessert]

A. Would you care for some dessert?
B. Yes. I'll have _[25–29]_ /an _[30]_ .

Do you go to restaurants? Which ones? What do you order? Describe some popular desserts in your country.

顏色

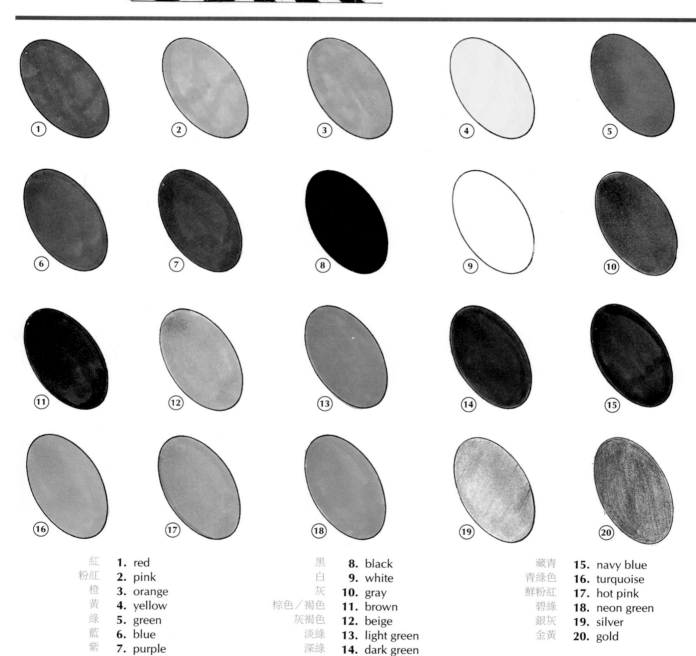

A. What's your favorite color?
B. **Red.**

紅	**1.** red		黑	**8.** black		藏青	**15.** navy blue
粉紅	**2.** pink		白	**9.** white		青綠色	**16.** turquoise
橙	**3.** orange		灰	**10.** gray		鮮粉紅	**17.** hot pink
黃	**4.** yellow		棕色／褐色	**11.** brown		碧綠	**18.** neon green
綠	**5.** green		灰褐色	**12.** beige		銀灰	**19.** silver
藍	**6.** blue		淡綠	**13.** light green		金黃	**20.** gold
紫	**7.** purple		深綠	**14.** dark green			

A. I like your _____ shirt.
You look very good in _____.
B. Thank you. _____ is my favorite color.

A. My color TV is broken.
B. What's the matter with it?
A. People's faces are _____, the sky is _____, and the grass is _____!

Do you know the flags of different countries? What are the colors of the flags you know?
What color makes you happy? What color makes you sad? Why?

A. I think I'll wear my new **shirt** today.
B. Good idea!

襯衫／長袖襯衫	**1.** shirt/long-sleeved shirt	燈芯絨長褲	**11.** corduroy pants/corduroys	上身便裝	**21.** jacket/sports jacket/sports coat
短袖襯衫	**2.** short-sleeved shirt	裙子	**12.** skirt	外套	**22.** jacket
西裝襯衫	**3.** dress shirt	女服／連衣裙	**13.** dress	上身便服	**23.** blazer
（薄）運動衫	**4.** sport shirt	傘兵服	**14.** jumpsuit	（一套）西裝	**24.** suit
馬球衫／（薄）運動衫	**5.** polo shirt/jersey/sport shirt	短褲	**15.** shorts	三件式西裝	**25.** three-piece suit
絨布襯衫	**6.** flannel shirt	毛衣	**16.** sweater	背心	**26.** vest
女襯衫	**7.** blouse	雞心領毛衣	**17.** V-neck sweater	領帶	**27.** tie/necktie
高領衫	**8.** turtleneck	開襟毛衣	**18.** cardigan sweater	領結	**28.** bowtie
長褲／西褲	**9.** pants/slacks	工作服	**19.** overalls	夜禮服	**29.** tuxedo
牛仔褲	**10.** (blue) jeans	制服	**20.** uniform	睡衣	**30.** (evening) gown

睡衣、襯衣和鞋

睡衣	**1.** pajamas	（女）內褲	**11.** (bikini) panties/	（女）便鞋	**24.** pumps
（女）睡衣	**2.** nightgown		underpants	便鞋	**25.** loafers
（男）長睡衣	**3.** nightshirt	三角褲	**12.** briefs	膠底運動鞋	**26.** sneakers
浴衣	**4.** bathrobe/robe	乳罩	**13.** bra	網球鞋	**27.** tennis shoes
拖鞋	**5.** slippers	襯衣背心	**14.** camisole	跑鞋	**28.** running shoes
汗衫	**6.** undershirt/	連身襯裙	**15.** slip	高统旅游鞋	**29.** high tops/
	tee shirt	襯裙	**16.** half slip		high-top sneakers
（男）內褲	**7.** (jockey) shorts/	長統絲襪	**17.** stockings	涼鞋	**30.** sandals
	underpants	褲襪	**18.** pantyhose	拖板	**31.** thongs/flip-flops
短褲	**8.** boxer shorts	緊身褲	**19.** tights	長統靴	**32.** boots
下體護身	**9.** athletic supporter/	襪子	**20.** socks	工作靴	**33.** work boots
	jockstrap	護膝長襪	**21.** knee socks	登山靴	**34.** hiking boots
綿毛衫褲	**10.** long underwear/	（一雙）鞋	**22.** shoes	牛仔靴	**35.** cowboy boots
	long johns	高跟鞋	**23.** (high) heels	鹿皮便鞋	**36.** moccasins

[1–21] A. I can't find my new _____.
B. Did you look in the bureau/dresser/closet?
A. Yes, I did.
B. Then it's/they're probably in the wash.

[22–36] A. Are those new _____?
B. Yes, they are.
A. They're very nice.
B. Thanks.

運動服和外衣

汗衫	**1.** tee shirt	短大衣	**12.** coat	套鞋	**24.** rubbers
背心	**2.** tank top	大衣	**13.** overcoat	手套	**25.** gloves
（厚）運動衫	**3.** sweatshirt	外套	**14.** jacket	棉手套	**26.** mittens
（厚）運動褲	**4.** sweat pants	風衣	**15.** windbreaker	帽子	**27.** hat
運動短褲	**5.** running shorts	滑雪衫	**16.** ski jacket	鴨舌帽	**28.** cap
網球短褲	**6.** tennis shorts	皮夾克	**17.** bomber jacket	棒球帽	**29.** baseball cap
彈力短褲	**7.** lycra shorts	風雪大衣	**18.** parka	無沿帽	**30.** beret
慢跑衣褲	**8.** jogging suit/	鴨絨衫	**19.** down jacket	雨帽	**31.** rain hat
	running suit	鴨絨馬夾	**20.** down vest	滑雪帽	**32.** ski hat
緊身服	**9.** leotard	雨衣	**21.** raincoat	滑雪面罩	**33.** ski mask
緊身連衣褲	**10.** tights	南美雨披	**22.** poncho	耳罩	**34.** ear muffs
汗帶	**11.** sweatband	膠布雨衣	**23.** trenchcoat	圍巾	**35.** scarf

[1–11]

A. Excuse me. I found this/these _____ in the dryer. Is it/Are they yours?

B. Yes. It's/They're mine. Thank you.

[12–35]

A. What's the weather like today?

B. It's cool/cold/raining/snowing.

A. I think I'll wear my _____.

首飾和隨身用品

A. Oh, no! I think I lost my **ring**!
B. I'll help you look for it.

A. Oh, no! I think I lost my **earrings**!
B. I'll help you look for them.

戒指	**1.**	ring
訂婚戒指	**2.**	engagement ring
結婚戒指	**3.**	wedding ring/wedding band
耳環	**4.**	earrings
項鏈	**5.**	necklace
珍珠項鏈	**6.**	pearl necklace/pearls
鏈條	**7.**	chain
珠鏈	**8.**	beads
胸針	**9.**	pin
手表	**10.**	watch/wrist watch
手鐲	**11.**	bracelet
袖扣	**12.**	cuff links

領帶扣	**13.**	tie pin/tie tack
領帶夾	**14.**	tie clip
腰帶	**15.**	belt
鑰匙圈	**16.**	key ring/key chain
皮夾	**17.**	wallet
零錢包	**18.**	change purse
女用手提包	**19.**	pocketbook/purse/handbag
掛包	**20.**	shoulder bag
大手提包	**21.**	tote bag
書包	**22.**	book bag
背包	**23.**	backpack
公文包	**24.**	briefcase
雨傘	**25.**	umbrella

[In a store]
A. Excuse me. Is this/Are these
_____ on sale this week?
B. Yes. It's/They're half price.

[On the street]
A. Help! Police! Stop that
man/woman!
B. What happened?!
A. He/She just stole my _____
and my _____!

Do you like to wear jewelry? What
jewelry do you have?
In your country, what do men,
women, and children use to
carry their things?

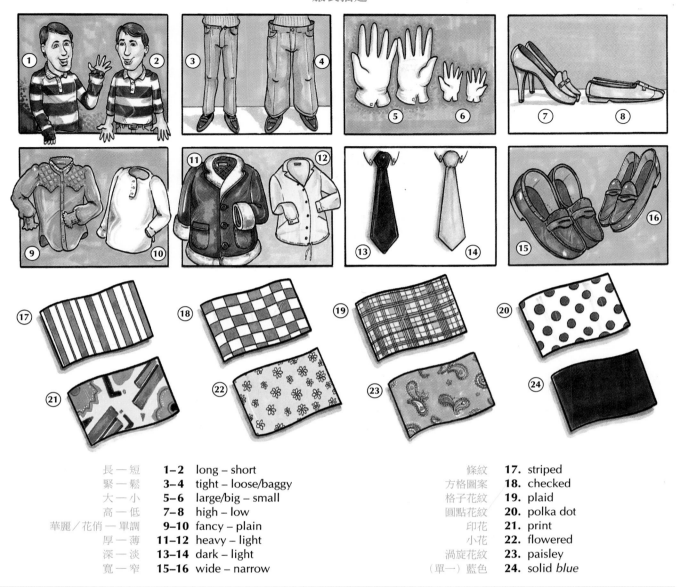

長 — 短	**1–2** long – short	條紋	**17.** striped
緊 — 鬆	**3–4** tight – loose/baggy	方格圖案	**18.** checked
大 — 小	**5–6** large/big – small	格子花紋	**19.** plaid
高 — 低	**7–8** high – low	圓點花紋	**20.** polka dot
華麗／花俏 — 單調	**9–10** fancy – plain	印花	**21.** print
厚 — 薄	**11–12** heavy – light	小花	**22.** flowered
深 — 淡	**13–14** dark – light	渦旋花紋	**23.** paisley
寬 — 窄	**15–16** wide – narrow	（單一）藍色	**24.** solid *blue*

[1–2]
A. Are the sleeves too **long**?
B. No. They're too **short**.

1–2	Are the sleeves too _____?		9–10	Is the blouse too _____?
3–4	Are the pants too _____?		11–12	Is the coat too _____?
5–6	Are the gloves too _____?		13–14	Is the color too _____?
7–8	Are the heels too _____?		15–16	Are the shoes too _____?

[17–24]
A. How do you like this _____ tie/shirt/skirt?
B. Actually, I prefer that _____ one.

Describe your favorite clothing.

A. Excuse me. Where's the **store directory**?
B. It's over there, next to the **escalator**.

商店索引	**1.** (store) directory	家用器具	**13.**	Housewares Department
自動扶梯	**2.** escalator	家俱部	**14.**	Furniture Department/Home Furnishings Department
男服部	**3.** Men's Clothing Department			
香水櫃臺	**4.** Perfume Counter	家用電器部	**15.**	Household Appliances Department
首飾櫃臺	**5.** Jewelry Counter			
電梯	**6.** elevator	電器部	**16.**	Electronics Department
男廁所	**7.** men's room	顧客服務台	**17.**	Customer Assistance Counter/ Customer Service Counter
女廁所	**8.** ladies' room			
飲水機	**9.** water fountain	點心店	**18.**	snack bar
室內停車場	**10.** parking garage	禮品包裝處	**19.**	Gift Wrap Counter
女服部	**11.** Women's Clothing Department	露天停車場	**20.**	parking lot
童裝部	**12.** Children's Clothing Department	提貨處	**21.**	customer pickup area

A. Pardon me. Is this the way to the _____?

B. Yes, it is./No, it isn't.

A. I'll meet you at/in/near/in front of the _____.

B. Okay. What time?

A. At *3:00*.

Describe a department store you know. Tell what is on each floor.

A. May I help you?
B. Yes, please. I'm looking for a **TV**.

電視機	**1.** TV/television set
遙控器	**2.** remote control (unit)
錄像機	**3.** VCR/videocassette recorder
（空白）錄像帶	**4.** (blank) videotape
錄像帶	**5.** video/(video)tape
攝像機	**6.** camcorder/video camera
電唱機	**7.** turntable
卡式錄音機	**8.** tape deck
雷射／激光唱機	**9.** CD player/compact disc player
擴音器	**10.** amplifier
調諧器	**11.** tuner
喇叭箱	**12.** speaker

立體聲音響	**13.** stereo system/sound system
小錄音機	**14.** tape recorder
隨身收錄機	**15.** (personal) cassette player/ Walkman
手提式收錄機	**16.** portable stereo system/boom box
盒式錄音帶	**17.** (audio) tape/(audio) cassette
雷射／激光唱片	**18.** CD/compact disc
唱片	**19.** record
（一副）耳機	**20.** set of headphones
收音機	**21.** radio
短波收音機	**22.** shortwave radio
時鐘收音機	**23.** clock radio

A. How do you like my _____?
B. It's great/fantastic/awesome!

A. Which company makes a good _____?
B. In my opinion, the best _____ is made by ………

What video and audio equipment do you have or want?
In your opinion, which brands are the best?

A. Can you recommend a good **computer**?*
B. Yes. This **computer** here is excellent.

*With 9, use: Can you recommend good _____?

電腦	**1.** computer	電傳真	**15.** fax machine
顯示屏幕	**2.** monitor	照相機	**16.** camera
磁盤驅動器	**3.** disk drive	長鏡頭	**17.** zoom lens
鍵盤	**4.** keyboard	相機包	**18.** camera case
滑鼠／滑標	**5.** mouse	閃光燈	**19.** flash attachment
打印機	**6.** printer	三腳架	**20.** tripod
電子信息轉換器	**7.** modem	膠卷	**21.** film
（軟）磁盤	**8.** (floppy) disk/diskette	幻燈機	**22.** slide projector
（電腦）軟件	**9.** (computer) software	（電影）屏幕	**23.** (movie) screen
手提電腦	**10.** portable computer	電動打字機	**24.** electric typewriter
薄型電腦	**11.** notebook computer	電子打字機	**25.** electronic typewriter
電話	**12.** telephone/phone	計算器	**26.** calculator
無線電話	**13.** portable phone/portable telephone	臺式計算器	**27.** adding machine
錄音電話	**14.** answering machine	穩壓器	**28.** voltage regulator
		變壓器	**29.** adapter

A. Excuse me. Do you sell
    _____s?†
B. Yes. We carry a complete line of
    _____s.†

†With 9 and 21, use the singular.

A. Which _____ is the best?
B. This one here. It's made by
    ....

Do you have a camera? What kind
    is it? What do you take pictures of?
Does anyone you know have an
    answering machine? When you
    call, what does the machine say?
How have computers changed the world?

A. Excuse me. I'm looking for (a/an) _____(s) for my *grandson*.*
B. Look in the next aisle.
A. Thank you.

* *grandson/granddaughter/…*

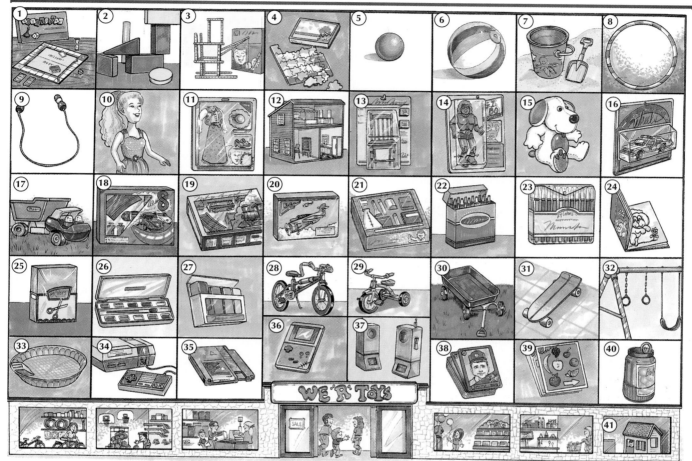

棋類游戲	**1.** (board) game	玩具小汽車	**16.** matchbox car	滑板	**31.** skateboard
積木	**2.** (building) blocks	玩具卡車	**17.** toy truck	一副鞦韆	**32.** swing set
一套建築游戲	**3.** construction set	（一套）玩具賽車	**18.** racing car set	兒童淺水池	**33.** plastic swimming pool/wading pool
拼板	**4.** (jigsaw) puzzle	（一套）玩具火車	**19.** train set		
橡皮球	**5.** rubber ball	模型玩具	**20.** model kit	電子游戲機	**34.** video game system
海灘球	**6.** beach ball	（一套）科學玩具	**21.** science kit	電子遊戲卡帶	**35.** (video) game cartridge
水桶與鍬	**7.** pail and shovel	蠟筆	**22.** crayons		
呼啦圈	**8.** hula hoop	水彩筆	**23.** (color) markers	微型電子遊戲機	**36.** hand-held video game
跳繩	**9.** jump rope	描圖本	**24.** coloring book		
玩具娃娃	**10.** doll	彩色紙	**25.** construction paper	對講機	**37.** walkie-talkie (set)
娃娃服	**11.** doll clothing			球星相片	**38.** trading cards
娃娃屋	**12.** doll house	水彩盒	**26.** paint set	貼紙	**39.** stickers
娃娃家俱	**13.** doll house furniture	橡皮泥	**27.** (modeling) clay	肥皂泡	**40.** bubble soap
玩具戰士	**14.** action figure	兒童自行車	**28.** bicycle	玩具紙屋	**41.** play house
玩具動物	**15.** stuffed animal	兒童三輪車	**29.** tricycle		
		玩具拖車	**30.** wagon		

A. I don't know what to get my ………….-year-old son/daughter for his/her birthday.
B. What about (a) _____?

A. Mom/Dad? Can we buy this/these _____?
B. No, *Johnny*. Not today.

What toys are most popular in your country?
What were your favorite toys when you were a child?

貨幣

硬幣 / Coins

	Name	Value	Written as:
1.	penny	one cent	1¢ $ .01
2.	nickel	five cents	5¢ $ .05
3.	dime	ten cents	10¢ $ .10
4.	quarter	twenty-five cents	25¢ $ .25
5.	half dollar	fifty cents	50¢ $ .50
6.	silver dollar	one dollar	$1.00

A. How much is a **penny** worth?
B. A penny is worth **one cent**.

A. *Soda* costs *seventy-five cents*.
    Do you have enough change?
B. Yes. I have a/two/three _____(s) and . . . .

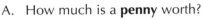

紙幣 / Currency

	Name	We sometimes say:	Value	Written as:
7.	(one-)dollar bill	a one	one dollar	$ 1.00
8.	five-dollar bill	a five	five dollars	$ 5.00
9.	ten-dollar bill	a ten	ten dollars	$ 10.00
10.	twenty-dollar bill	a twenty	twenty dollars	$ 20.00
11.	fifty-dollar bill	a fifty	fifty dollars	$ 50.00
12.	(one-)hundred dollar bill	a hundred	one hundred dollars	$100.00

A. I need to go to the supermarket.
    Do you have any cash?
B. Let me see. I have a **twenty-dollar bill**.
A. **Twenty dollars** is enough. Thanks.

A. Can you change a **five-dollar bill/a five**?
B. Yes. I've got *five* **one-dollar bills**/*five* **ones**.

Written as	We say:
$1.20	one dollar and twenty cents
	a dollar twenty
$2.50	two dollars and fifty cents
	two fifty
$37.43	thirty-seven dollars and forty-three cents
	thirty-seven forty-three

How much do you pay for a loaf of bread? a hamburger?
    a cup of coffee? a gallon of gas?
Name and describe the coins and currency in your country.
    What are they worth in U.S. dollars?

支票簿	**1.** checkbook	支票	**10.** check
收支記錄本	**2.** check register	匯款單	**11.** money order
銀行帳單	**3.** monthly statement	貸款申請表	**12.** loan application
銀行帳戶本	**4.** bank book	保險庫／金庫	**13.** (bank) vault
旅行支票	**5.** traveler's checks	安全寄存處	**14.** safe deposit box
信用卡	**6.** credit card	出納員	**15.** teller
取款卡	**7.** ATM card	警衛	**16.** security guard
儲蓄單	**8.** deposit slip	自動取款機	**17.** automatic teller (machine)/
提款單	**9.** withdrawal slip		ATM (machine)
		銀行貸員	**18.** bank officer

[1–7]
A. What are you looking for?
B. My _____. I can't find it/them anywhere!

[8–12]
A. What are you doing?
B. I'm filling out this _____.
A. For how much?
B. ....

[13–18]
A. How many _____s does the State Street Bank have?
B. ....

Do you have a bank account? What kind? Where?
Do you ever use traveler's checks? When?
Do you have a credit card? What kind? When do you use it?

人體

[1–23, 27–79]
A. My doctor checked my **head** and said everything is okay.
B. I'm glad to hear that.

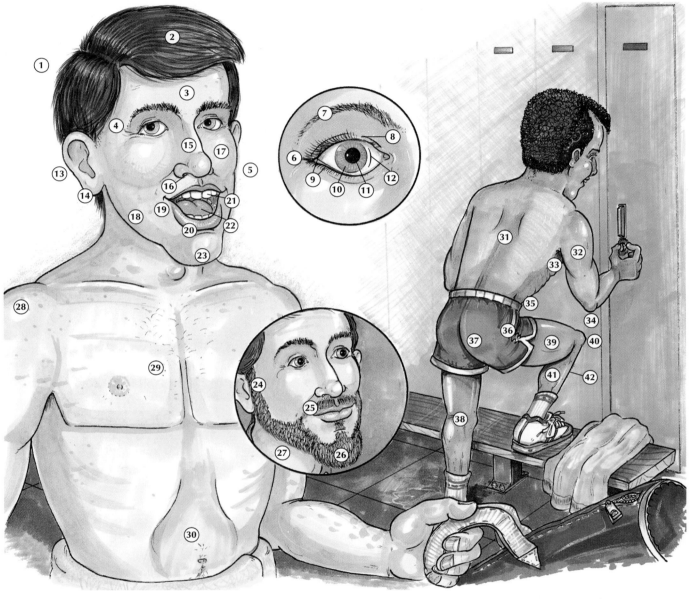

頭	**1.** head	鼻	**15.** nose	胸	**29.** chest
頭髮	**2.** hair	鼻孔	**16.** nostril	腹	**30.** abdomen
前額	**3.** forehead	面頰	**17.** cheek	背	**31.** back
太陽穴	**4.** temple	頜	**18.** jaw	臂	**32.** arm
臉	**5.** face	嘴	**19.** mouth	腋窩	**33.** armpit
眼	**6.** eye	唇	**20.** lip	臂肘	**34.** elbow
眉	**7.** eyebrow	一顆牙—幾顆牙	**21.** tooth–teeth	腰	**35.** waist
眼皮	**8.** eyelid	舌	**22.** tongue	股	**36.** hip
睫毛	**9.** eyelashes	下巴	**23.** chin	臀部	**37.** buttocks
眼膜	**10.** iris	連鬢鬍子	**24.** sideburn	腿	**38.** leg
瞳孔	**11.** pupil	小鬍子	**25.** mustache	大腿	**39.** thigh
角膜	**12.** cornea	絡腮鬍子	**26.** beard	膝	**40.** knee
耳	**13.** ear	頸	**27.** neck	小腿	**41.** calf
耳垂	**14.** earlobe	肩	**28.** shoulder	脛骨	**42.** shin

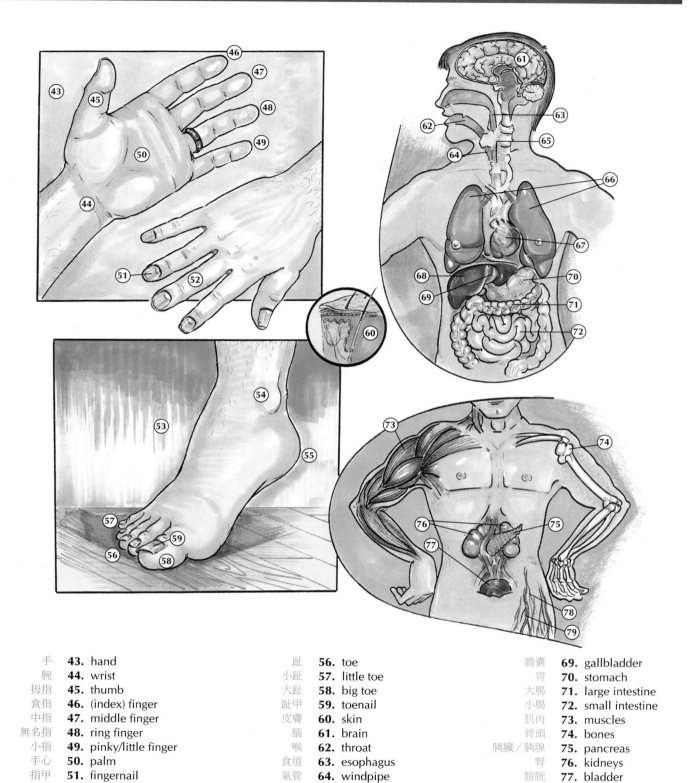

手	**43.** hand	趾	**56.** toe	膽囊	**69.** gallbladder
腕	**44.** wrist	小趾	**57.** little toe	胃	**70.** stomach
拇指	**45.** thumb	大趾	**58.** big toe	大腸	**71.** large intestine
食指	**46.** (index) finger	趾甲	**59.** toenail	小腸	**72.** small intestine
中指	**47.** middle finger	皮膚	**60.** skin	肌肉	**73.** muscles
無名指	**48.** ring finger	腦	**61.** brain	骨頭	**74.** bones
小指	**49.** pinky/little finger	喉	**62.** throat	胰臟／胰腺	**75.** pancreas
手心	**50.** palm	食道	**63.** esophagus	腎	**76.** kidneys
指甲	**51.** fingernail	氣管	**64.** windpipe	膀胱	**77.** bladder
指節	**52.** knuckle	脊椎	**65.** spinal cord	靜脈	**78.** veins
腳	**53.** foot	肺	**66.** lungs	動脈	**79.** arteries
踝	**54.** ankle	心	**67.** heart		
跟	**55.** heel	肝	**68.** liver		

[1, 3–8, 13–23, 27–34, 36–60]
A. Ooh!
B. What's the matter?

A. ⎰My _____ hurts!
⎱My _____ s hurt!

[61–79]
A. My doctor wants me to have some tests.
B. Why?
A. She's concerned about my _____ .

Describe yourself as completely as you can.
Which parts of the body are most important at school? at work? when you play your favorite sport?

病痛、症狀和受傷

A. What's the matter?
B. I have a/an   [1–19] .

A. What's the matter?
B. I have   [20–26] .

頭痛	**1.** headache	病毒	**10.** virus
耳痛	**2.** earache	感染	**11.** infection
牙痛	**3.** toothache	皮疹	**12.** rash
胃痛	**4.** stomachache	蟲咬	**13.** insect bite
背痛	**5.** backache	日炙	**14.** sunburn
喉嚨痛	**6.** sore throat	僵頭頸	**15.** stiff neck
發燒	**7.** fever/ temperature	流鼻涕	**16.** runny nose
		流鼻血	**17.** bloody nose
感冒	**8.** cold	蛀牙	**18.** cavity
咳嗽	**9.** cough		

肉贅	**19.** wart
打呃	**20.** (the) hiccups
發冷	**21.** (the) chills
腹絞痛	**22.** cramps
腹瀉	**23.** diarrhea
胸口痛	**24.** chest pain
氣急	**25.** shortness of breath
喉炎	**26.** laryngitis

A. What's the matter?
B. {
I feel __[27–30]__ .
I'm __[31–32]__ .
I'm __[33–38]__ ing.

A. What's the matter?
B. {
I __[39–48]__ ed my ....
My .... is/are __[49–50]__ .

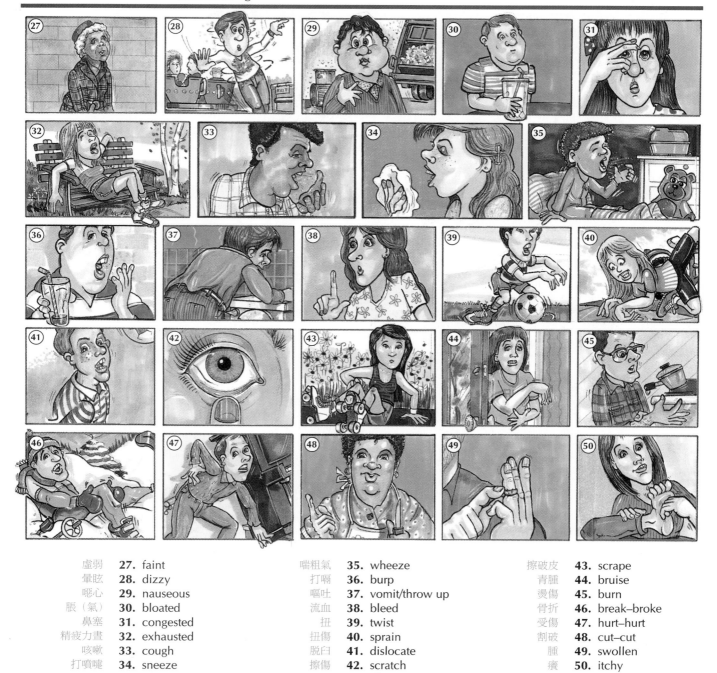

虛弱	27. faint	喘粗氣	35. wheeze	擦破皮	43. scrape
暈眩	28. dizzy	打嗝	36. burp	青腫	44. bruise
噁心	29. nauseous	嘔吐	37. vomit/throw up	燙傷	45. burn
脹（氣）	30. bloated	流血	38. bleed	骨折	46. break–broke
鼻塞	31. congested	扭	39. twist	受傷	47. hurt–hurt
精疲力盡	32. exhausted	扭傷	40. sprain	割破	48. cut–cut
咳嗽	33. cough	脫臼	41. dislocate	腫	49. swollen
打噴嚏	34. sneeze	擦傷	42. scratch	癢	50. itchy

A. How do you feel?
B. Not so good./Not very well./Terrible!
A. What's the matter?
B. ...., ..., and ....
A. I'm sorry to hear that.

Tell about the last time you didn't feel well. What was the matter?
Tell about a time you hurt yourself. What happened? How?
What are the symptoms of a cold? a heart problem?

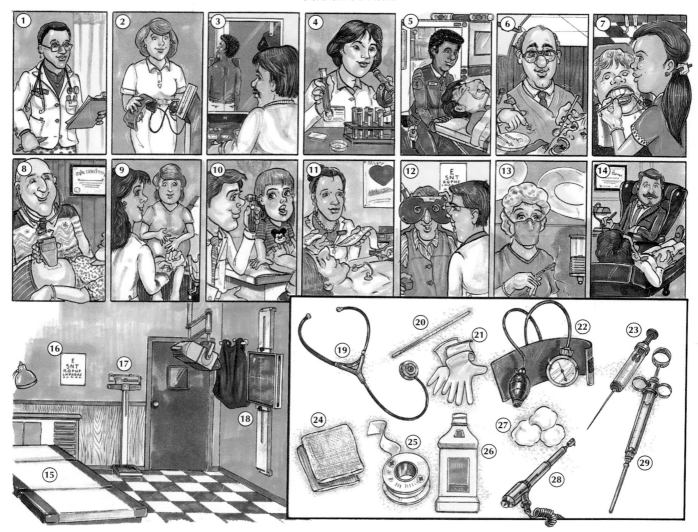

醫生/內科醫生	1. doctor/physician	心血管醫生	11. cardiologist	醫用手套	21. gloves
護士	2. nurse	眼科醫生	12. optometrist	血壓計	22. blood pressure gauge
X 光透視員	3. X-ray technician	外科醫生	13. surgeon	針頭／針筒	23. needle/syringe
化驗員	4. lab technician	精神病醫生	14. psychiatrist	繃帶／紗布	24. bandages/gauze
急診護理	5. EMT/emergency medical technician	體檢臺	15. examination table	膠帶	25. adhesive tape
牙醫	6. dentist	視力表	16. eye chart	酒精	26. alcohol
洗牙師	7. (oral) hygienist	秤	17. scale	棉球	27. cotton balls
產科醫生	8. obstetrician	X 光機	18. X-ray machine	牙鑽	28. drill
婦科醫生	9. gynecologist	聽筒	19. stethoscope	麻藥	29. anesthetic/Novocaine
兒科醫生	10. pediatrician	體溫表	20. thermometer		

[1–14]
A. What do you do?
B. I'm a/an _____.

[15–18]
A. Please step over here to the _____.
B. Okay.

[19–29]
A. Please hand me the _____.
B. Here you are.

Where do you go for medical care? How often? Who examines you? What does he/she do?

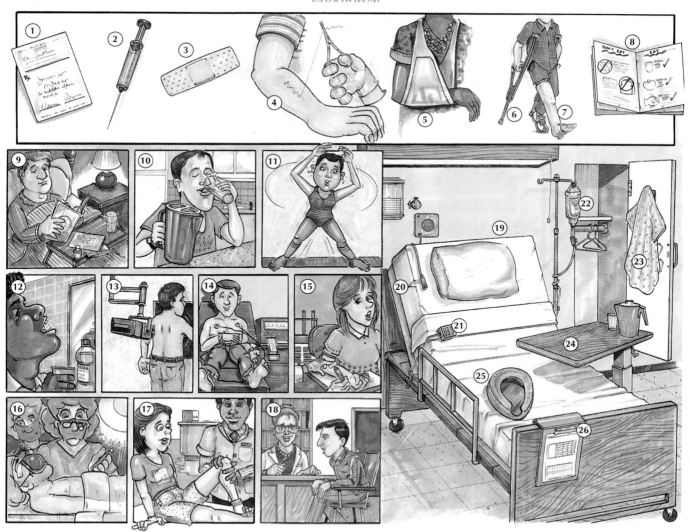

處方／藥方	**1.** prescription	
注射／打針	**2.** injection/shot	
護創膠布	**3.** bandaid	
縫針	**4.** stitches	
吊腕帶	**5.** sling	
拐杖	**6.** crutches	
石膏	**7.** cast	
節食譜	**8.** diet	
臥床休息	**9.** rest in bed	

多喝流汁	**10.** drink fluids
鍛煉	**11.** exercise
漱口	**12.** gargle
X光透視	**13.** X-rays
測試	**14.** tests
驗血	**15.** blood work/ blood tests
動手術	**16.** surgery
理療	**17.** physical therapy

心理治療	**18.** counseling
病床	**19.** hospital bed
求助按鈕	**20.** call button
病床調節器	**21.** bed control
輸液裝置	**22.** I.V.
醫用大褂	**23.** hospital gown
床邊轉臺	**24.** bed table
便盆	**25.** bed pan
病歷卡	**26.** medical chart

[1–8]
A. What did the doctor do?
B. She/He gave me (a/an)
_____.

[9–18]
A. What did the doctor say?
B. { She/He told me to [9–12].
{ She/He told me I need [13–18].

[19–26]
A. This is your _____.
B. I see.

When did you have your last medical checkup?
What did the doctor say?

Have you ever been in the hospital?
When? Why? Tell about your experience.

藥

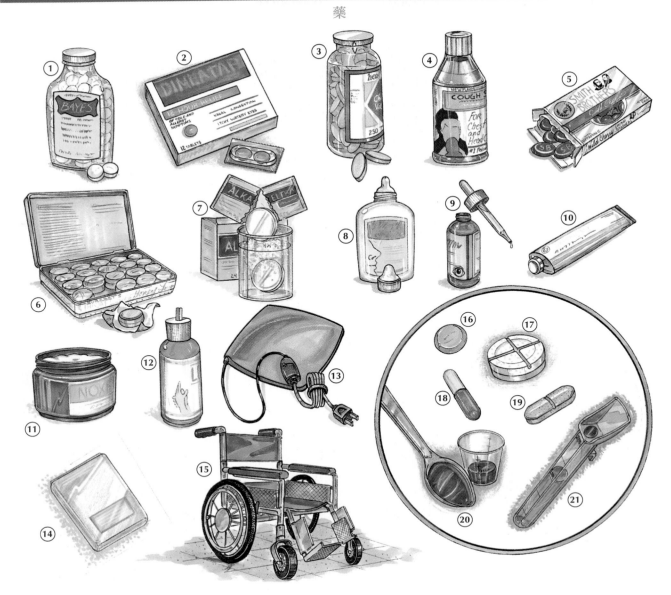

阿司匹林	**1.** aspirin	通鼻滴液	**8.** decongestant spray/nasal spray	輪椅	**15.** wheelchair
感冒片	**2.** cold tablets			藥丸	**16.** pill
維他命	**3.** vitamins	眼藥水	**9.** eye drops	藥片	**17.** tablet
止咳糖漿	**4.** cough syrup	油膏	**10.** ointment	膠囊	**18.** capsule
止咳片	**5.** cough drops	面霜	**11.** creme	長藥片	**19.** caplet
止咳糖	**6.** throat lozenges	護膚霜	**12.** lotion	茶匙	**20.** teaspoon
解酸片	**7.** antacid tablets	加熱墊	**13.** heating pad	湯匙	**21.** tablespoon
		冰袋	**14.** ice pack		

[1–15] A. What did the doctor say?

B. { She/He told me to take [1–4] .
        She/He told me to use (a/an) [5–15] .

[16–21] A. What's the dosage?
   B. One _____, every three hours.

What medicines do you take or use? For what ailments?

Describe any medical treatments or medicines in your country that are different from the ones in these lessons.

郵局

信	**1.** letter	郵票	**11.** stamp	郵票/郵資	**22.** stamp/postage

信	**1.** letter
明信片	**2.** postcard
單頁航空信	**3.** air letter/ aerogramme
包裹	**4.** package/parcel
快件	**5.** first class
航空信	**6.** air mail
包裹件	**7.** parcel post
印刷品	**8.** book rate/third class
掛號信	**9.** registered mail
特快件／ 過夜快件	**10.** express mail/ overnight mail

郵票	**11.** stamp
整板郵票	**12.** sheet of stamps
一卷郵票	**13.** roll of stamps
郵票本	**14.** book of stamps
匯款單	**15.** money order
更換地址表格	**16.** change-of-address form
入伍登記表	**17.** selective service registration form
信封	**18.** envelope
地址	**19.** address
郵遞區號	**20.** zip code
回信地址	**21.** return address

郵票/郵資	**22.** stamp/postage
郵戳	**23.** postmark
信箱口	**24.** mail slot
服務窗口	**25.** window
郵局辦事員	**26.** postal worker/ postal clerk
秤	**27.** scale
郵票自售機	**28.** stamp machine
郵車	**29.** mail truck
郵箱	**30.** mailbox
郵差	**31.** letter carrier/ mail carrier
郵袋	**32.** mail bag

[1–4]
A. Where are you going?
B. To the post office.
   I have to mail a/an _____.

[5–10]
A. How do you want
   to send it?
B. _____, please.

[11–17]
A. Next!
B. I'd like a _____, please.
A. Here you are.

[19–22]
A. Do you want me to
   mail this letter for you?
B. Yes, thanks.
A. Oops! You forgot the
   _____!

What time does your letter carrier deliver your mail? Does he/she drive a mail truck or carry a mail bag and walk?

Describe the post office you use:
   How many postal windows are there?
   Is there a stamp machine?
   Are the postal workers friendly?

Tell about the postal system in your country.

圖書館

圖書管理員	**1.** librarian	復印機	**10.** copier/ (photo) copy machine	電腦磁盤	**20.** computer diskette
外借處	**2.** checkout desk			期刊室	**21.** periodicals section
圖書館助理／圖書回架工	**3.** library assistant	參考圖書管理員	**11.** reference librarian	報紙	**22.** newspaper
縮微膠捲	**4.** microfilm	參考書閱覽室	**12.** reference section	畫報	**23.** magazine
縮微膠片	**5.** microfiche	地圖集	**13.** atlas	期刊	**24.** journal
卡片目錄	**6.** card catalog	百科全書	**14.** encyclopedia	書卡	**25.** call card
電腦檢索網	**7.** online catalog	詞典	**15.** dictionary	書號	**26.** call number
書架	**8.** shelves	音像資料部	**16.** media section	作者	**27.** author
問訊處	**9.** information desk	錄像帶	**17.** videotape	書名	**28.** title
		唱片	**18.** record	（檢索）專題	**29.** subject
		錄音帶	**19.** tape	借書証	**30.** library card

[1–11]

A. Excuse me. Where's/ Where are the _____?

B. Over there, at/near/next to the _____.

[12–24]

A. Excuse me. Where can I find a/an [13–15, 17–20, 22–24] ?

B. Look in the [12, 16, 21] over there.

[27–29]

A. May I help you?

B. Yes, please. I'm having trouble finding a book.

A. Do you know the _____?

B. Yes. …………

Do you go to a library? Which one? What does this library have? Describe how you use the library.

辦公室	**1.** office	教師休息室	**10.** teachers' lounge	（駐校）護士	**19.** (school) nurse	
衛生室	**2.** nurse's office	室內體育館	**11.** gym/gymnasium	訓導員	**20.** guidance counselor	
訓導處	**3.** guidance office	更衣室	**12.** locker room	餐廳糾察	**21.** lunchroom monitor	
餐廳	**4.** cafeteria	大禮堂	**13.** auditorium	餐廳工作人員	**22.** cafeteria worker	
校長室	**5.** principal's office	運動場	**14.** field	駕駛班教員	**23.** driver's ed instructor	
教室	**6.** classroom	露天看臺	**15.** bleachers	教師	**24.** teacher	
衣箱	**7.** locker	跑道	**16.** track	教練	**25.** coach	
外語視聽室	**8.** language lab	校長	**17.** principal	清潔工／	**26.** custodian	
化學實驗室	**9.** chemistry lab	副校長	**18.** assistant principal	修理工／門衛		

[1–16] A. Where are you going?
      B. I'm going to the _____.*
      A. Do you have a hall pass?
      B. Yes. Here it is.
      With 6 and 7, use: I'm going to my _____.

[17–26] A. Who's that?
      B. That's the new

Describe the school where you study English. Tell about the rooms, offices, and people.

Tell about differences between schools in the United States and in your country.

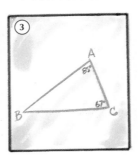

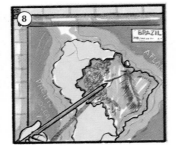

數學	**1.** math/mathematics	科學	**9.** science	工業技術	**17.** industrial arts/shop
代數	**2.** algebra	生物	**10.** biology	駕駛班	**18.** driver's education/ driver's ed
幾何	**3.** geometry	化學	**11.** chemistry		
三角	**4.** trigonometry	物理	**12.** physics	打字	**19.** typing
微積分	**5.** calculus	西班牙語	**13.** Spanish	美術	**20.** art
英語	**6.** English	法語	**14.** French	音樂	**21.** music
歷史	**7.** history	家政學	**15.** home economics		
地理	**8.** geography	衛生常識	**16.** health		

管樂隊	**22.** band		校報	**27.** school newspaper
管絃樂隊	**23.** orchestra		學校年冊	**28.** yearbook
合唱隊	**24.** choir/chorus		文學雜誌	**29.** literary magazine
演戲	**25.** drama		學生自治會	**30.** student government
橄欖球隊	**26.** football			

[1–21]
A. What do you have next period?
B. _____. How about you?
A. _____.
B. There's the bell. I've got to go.

[22–30]
A. Are you going home right after school?
B. { No. I have __[22–26]__ practice.
{ No. I have a __[27–30]__ meeting.

What is/was your favorite subject? Why? What extracurricular activities do/did you participate in?

職業（一）

A. What do you do?
B. I'm an **accountant**. How about you?
A. I'm a **carpenter**.

會計師	1. accountant	裝配工	6. assembler	公共汽車司機	11. bus driver
男演員	2. actor	麵包師	7. baker	屠夫	12. butcher
女演員	3. actress	理髮師	8. barber	木工	13. carpenter
建築師	4. architect	記帳員	9. bookkeeper	收銀員	14. cashier
畫家	5. artist	砌磚工	10. bricklayer/mason	廚師	15. chef/cook

（電腦）編程員	**16.** computer programmer	送貨員 **21.** delivery person	工頭 **26.** foreman
建築工	**17.** construction worker	電工 **22.** electrician	園丁 **27.** gardener
郵差	**18.** courier/messenger	農民 **23.** farmer	美容／理髮師 **28.** hairdresser
清潔工／修理工／門衛	**19.** custodian/janitor	消防員 **24.** firefighter	管家 **29.** housekeeper
數據處理員	**20.** data processor	漁民 **25.** fisherman	記者 **30.** journalist/reporter

[At a job interview]
A. Are you an experienced _____?
B. Yes. I'm a very experienced _____.

A. How long have you been a/an _____?
B. I've been a/an _____ for .... months/years.

Which of these occupations do you think are the most interesting? the most difficult? Why?

職業（二）

A. What's your occupation?
B. I'm a **lawyer**.
A. A **lawyer**?
B. Yes. That's right.

律師	**1.** lawyer	藥劑師	**6.** pharmacist	房地產經記人	**11.** real estate agent
汽車修理工	**2.** mechanic	攝影師	**7.** photographer	接待員	**12.** receptionist
模特兒	**3.** model	飛行員	**8.** pilot	修理工	**13.** repairperson
播音員	**4.** newscaster	水管工	**9.** plumber	推銷員	**14.** salesperson
油漆工	**5.** painter	警官	**10.** police officer	清潔工	**15.** sanitation worker

科研人員	16. scientist	裁縫	21. tailor	運貨卡車司機	26. truck driver
女車衣工	17. seamstress	出租汽車司機	22. taxi driver	侍者	27. waiter
秘書	18. secretary	教師	23. teacher	女招待	28. waitress
警衛	19. security guard	翻譯	24. translator/interpreter	焊接工	29. welder
裝卸工	20. stock clerk	旅行代理人	25. travel agent	獸醫	30. veterinarian

A. Are you still a _____?
B. No. I'm a _____.
A. Oh. That's interesting.

A. What kind of job would you like in the future?
B. I'd like to be a _____.

Do you work? What's your occupation?
What are the occupations of people in your family?

各種工作

A. Can you **act**?
B. Yes, I can.

表演	**1.** act	打掃衛生	**5.** clean	開運貨卡車	**10.** drive *a truck*
裝配零件	**2.** assemble *components*	烹調	**6.** cook	存檔	**11.** file
烘／烤	**3.** bake	送意大利薄餅上門	**7.** deliver *pizzas*	開飛機	**12.** fly *an airplane*
建／造	**4.** build *things/*	設計房屋	**8.** design *buildings*	種菜	**13.** grow *vegetables*
	construct *things*	繪圖	**9.** draw	守衛樓房	**14.** guard *buildings*

割草	**15.** mow *lawns*	
操作機器	**16.** operate *equipment*	
粉刷／油漆	**17.** paint	
彈鋼琴	**18.** play the *piano*	
修理	**19.** repair *things*/fix *things*	
賣汽車	**20.** sell *cars*	
上菜	**21.** serve *food*	

縫紉／車衣	**22.** sew
歌唱	**23.** sing
教書	**24.** teach
翻譯	**25.** translate
打字	**26.** type
洗碗	**27.** wash *dishes*
寫作	**28.** write

A. What do you do for a living?
B. I _____.

A. Do you know how to _____?
B. Yes. I've been _____ing for years.

Tell about your work abilities.
What can you do?

辦公大廈

接待室	**1.** reception area	用品庫	**18.** supply room
衣架	**2.** coat rack	儲藏室	**19.** storage room
衣櫥	**3.** coat closet	會議室	**20.** conference room
留言欄	**4.** message board	會議桌	**21.** conference table
信箱	**5.** mailbox	白板／彩筆書寫板	**22.** whiteboard/dry erase board
檔案櫃	**6.** file cabinet	休息室	**23.** employee lounge
（文具）用品櫃	**7.** supply cabinet	咖啡機	**24.** coffee machine
儲藏櫃	**8.** storage cabinet	汽水自售機	**25.** soda machine
工作臺	**9.** workstation	接待員	**26.** receptionist
電腦工作臺	**10.** computer workstation	打字員	**27.** typist
飲水器	**11.** water cooler	文書	**28.** file clerk
咖啡小車	**12.** coffee cart	秘書	**29.** secretary
辦公室	**13.** office	行政助理	**30.** administrative assistant
收發室	**14.** mailroom	辦公室主任	**31.** office manager
郵資儀	**15.** postage machine/postage meter	辦公室助理	**32.** office assistant
復印機	**16.** copier/(photo)copy machine	雇主／老板	**33.** employer/boss
垃圾回收桶	**17.** waste receptacle		

[1–25] A. Where's ....?
B ⎧ He's/She's in the/his/her _____.*
   ⎩ He's/She's at the/his/her _____.†

*1, 13, 14, 18–20, 23   †2–12, 15–17, 21, 22, 24, 25

[26–33] A. Who's he/she?
B. He's/She's the new _____.

辦公設備

A. Do you know how to work this **computer**?
B. No, I don't.
A. Let me show you how.

電腦	**1.** computer	計算器	**8.** calculator	電傳真	**15.** fax machine
(電腦）終端顯示屏幕	**2.** VDT/video display terminal	臺式計算器	**9.** adding machine	鉛筆鉋	**16.** pencil sharpener
(小點字母）打印機	**3.** (dot-matrix) printer	微型錄音機／口述錄音機	**10.** microcassette recorder/dictaphone	電動鉛筆鉋	**17.** electric pencil sharpener
(印刷品質量）打印機	**4.** (letter-quality) printer			切紙刀	**18.** paper cutter
(激光）打印機	**5.** (laser) printer	電話	**11.** telephone	塑邊幀書機	**19.** plastic binding machine
文字處理機	**6.** word processor	耳機	**12.** headset		
打字機	**7.** typewriter	電話系統	**13.** phone system	郵資儀	**20.** postal scale
		電報機	**14.** telex machine	碎紙機	**21.** paper shredder

A. I think this _____ is broken!
B. I'll take a look at it.

A. Have you seen the new _____?
B. No, I haven't.
A. It's much better than the old one!

Do you know how to operate a computer? a fax machine? Give step-by-step instructions for using some type of office equipment.

辦公用具

辦公桌	**1.** desk	掛曆	**13.** wall calendar	薪金支票	**25.** paycheck
（高背）轉椅	**2.** swivel chair	日程掛表	**14.** wall planner	開封刀	**26.** letter opener
（轉動）通訊錄	**3.** rolodex	檔案櫃	**15.** file cabinet	剪刀	**27.** scissors
筆筒	**4.** pencil cup	訂書機	**16.** stapler	打孔機	**28.** punch
文件盤／公文格	**5.** letter tray/	書釘拔爪	**17.** staple remover	三孔打孔機	**29.** 3-hole punch
	stacking tray	膠帶座	**18.** tape dispenser	印硯	**30.** stamp pad/ink pad
備忘錄夾座	**6.** memo holder	回形針筒	**19.** paper clip	橡皮圖章	**31.** rubber stamp
臺曆	**7.** desk calendar		dispenser	筆	**32.** pen
臺燈	**8.** desk lamp	名片	**20.** business cards	鉛筆	**33.** pencil
名銜牌	**9.** nameplate	書寫板	**21.** clipboard	活動鉛筆	**34.** mechanical pencil
桌墊	**10.** desk pad	約會簿	**22.** appointment book	彩色筆	**35.** highlighter (pen)
廢紙簍	**11.** wastebasket	日程手冊	**23.** organizer/	橡皮擦	**36.** eraser
文書椅	**12.** posture chair/		personal planner		
	clerical chair	工時單	**24.** timesheet		

[1–15]
A. Welcome to the company.
B. Thank you.
A. How do you like your _____?
B. It's/They're very nice.

[16–36]
A. My desk is such a mess! I can't find my _____!
B. Here it is/Here they are next to your _____.

Which items on this page do you have? Do you have an appointment book, personal planner, or calendar? How do you remember important things such as appointments, meetings, and birthdays?

辦公用品

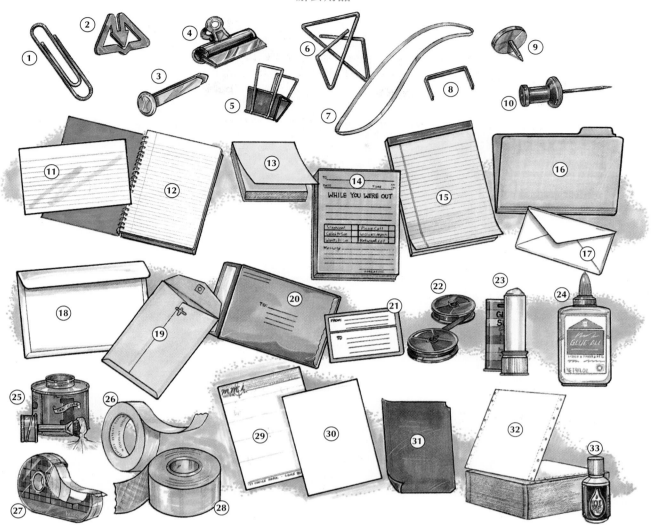

回形針	**1.** paper clip	可粘便箋	**13.** Post-It note pad	封口膠	**25.** rubber cement
塑料紙夾	**2.** plastic clip	留言錄	**14.** message pad	不透光膠帶	**26.** masking tape
紙釘	**3.** paper fastener	黃頁長便箋	**15.** legal pad	塑膠帶	**27.** Scotch tape/
彈簧紙夾	**4.** bulldog clip	文件夾	**16.** file folder/		cellophane tape
文件夾	**5.** binder clip		manila folder	封口膠帶／	**28.** sealing tape/
鋼絲夾	**6.** clamp	信封	**17.** envelope	郵包膠帶	package mailing
橡皮筋	**7.** rubber band	目錄信封	**18.** catalog envelope		tape
訂書釘	**8.** staple	扣子信封	**19.** clasp envelope	信箋	**29.** stationery
圖釘	**9.** thumbtack	防震信封	**20.** mailer	打字紙	**30.** typing paper
長腳圖釘	**10.** pushpin	郵寄標籤	**21.** mailing label	復寫紙	**31.** carbon paper
分類卡	**11.** index card	打字機色帶	**22.** typewriter ribbon	電腦打印紙	**32.** computer paper
便箋	**12.** memo pad/	膠水條	**23.** gluestick	修正液	**33.** correction fluid
	note pad	膠水	**24.** glue		

A. {
We've run out of ___[1–23]___ s.
We've run out of ___[24–31]___.
}

B. I'll get some more from the supply room.

A. Could I borrow a/an/some ___[1–33]___?

B. Sure. Here you are.

工廠

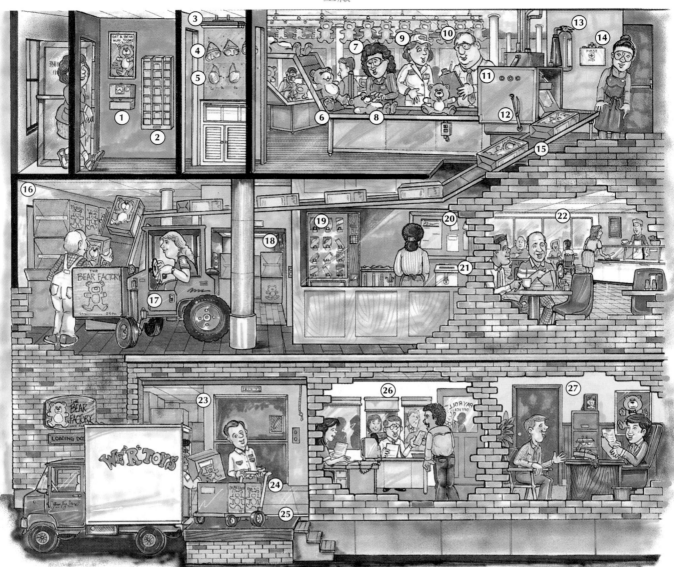

工時鍾	**1.** time clock	工頭	**10.** foreman	工會布告	**20.** union notice
工時卡	**2.** time cards	機器	**11.** machine	意見箱	**21.** suggestion box
用品庫	**3.** supply room	槓桿	**12.** lever	餐廳	**22.** cafeteria
防護眼鏡	**4.** safety glasses	滅火器	**13.** fire extinguisher	運輸科	**23.** shipping department
口罩	**5.** masks	急救箱	**14.** first-aid kit		
裝配線	**6.** (assembly) line	輸送帶	**15.** conveyor belt	推車	**24.** hand truck
工人	**7.** worker	倉庫	**16.** warehouse	裝卸臺	**25.** loading dock
工作臺	**8.** work station	鏟車／叉式升降機	**17.** forklift	財務科	**26.** payroll office
質量檢驗員	**9.** quality control supervisor	運貨電梯	**18.** freight elevator	人事處	**27.** personnel office
		食品自售機	**19.** vending machine		

A. Excuse me. I'm a new employee. Where's/Where are the _____?
B. Next to/Near/In/On the _____.

A. Have you seen *Fred*?
B. Yes. He's in/on/at/next to/near the _____.

Are there any factories where you live? What kind? What are the working conditions there?

What products do factories in your country produce?

建築工地

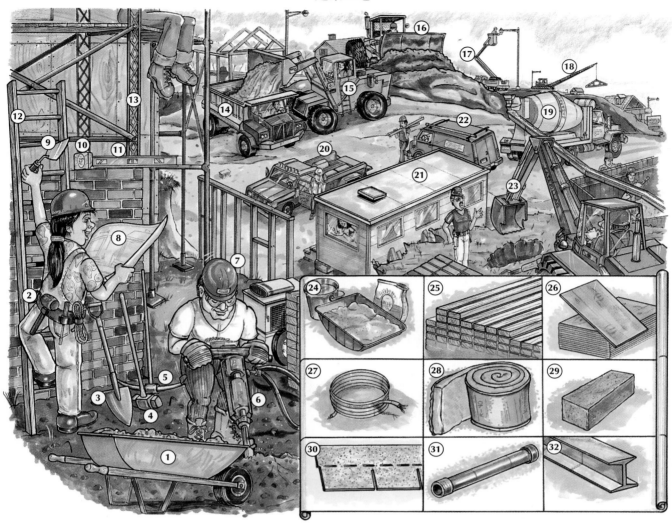

推車	**1.** wheelbarrow	
工具帶	**2.** toolbelt	
鏟／鐵鍬	**3.** shovel	
鐵錘	**4.** sledgehammer	
十字／鐵鎬	**5.** pickax	
風鑽	**6.** jackhammer/	
	pneumatic drill	
保護帽	**7.** helmet/hard hat	
藍圖	**8.** blueprints	
泥鏟	**9.** trowel	
卷尺	**10.** tape measure	

水平儀	**11.** level	
梯子	**12.** ladder	
腳手架	**13.** scaffolding	
傾斜卸貨車	**14.** dump truck	
前卸式裝卸機	**15.** front-end loader	
推土機	**16.** bulldozer	
升降工作臺	**17.** cherry picker	
吊車	**18.** crane	
水泥攪拌車	**19.** cement mixer	
運貨小卡車	**20.** pickup truck	
拖車	**21.** trailer	

有蓋小貨車	**22.** van	
挖土機	**23.** backhoe	
水泥	**24.** cement	
木材	**25.** wood/lumber	
三夾板／膠合板	**26.** plywood	
電纜	**27.** wire	
絕緣材料	**28.** insulation	
磚	**29.** brick	
木瓦	**30.** shingle	
水管／導管	**31.** pipe	
樑	**32.** girder/beam	

[1–12]
A. Could you get me that/those _____?
B. Sure.

[13–23]
A. Watch out for that _____!
B. Oh! Thanks for the warning!

[24–32]
A. Are we going to have enough ___[24–28]___ / ___[29–32]___ s to finish the job?
B. I think so.

汽車

前燈	**1.** headlight	行李箱	**16.** trunk	空氣過濾器	**32.** air filter
保險桿	**2.** bumper	尾燈	**17.** taillight	電池	**33.** battery
轉彎指示燈	**3.** turn signal	刹車燈	**18.** brake light	量油桿	**34.** dipstick
停車燈	**4.** parking light	倒車燈	**19.** backup light	交流發電機	**35.** alternator
車胎	**5.** tire	汽車牌照	**20.** license plate	水箱／散熱器	**36.** radiator
輪蓋	**6.** hubcap	排氣管	**21.** tailpipe	風扇皮帶	**37.** fan belt
車蓋	**7.** hood	（排氣）消音器	**22.** muffler	散熱器軟管	**38.** radiator hose
擋風玻璃	**8.** windshield	變速箱	**23.** transmission	加油站／維修站	**39.** gas station/
雨刷	**9.** windshield wipers	油箱	**24.** gas tank		service station
側後視鏡	**10.** side mirror	千斤頂	**25.** jack	氣泵	**40.** air pump
天線	**11.** antenna	備胎	**26.** spare tire	維修車間	**41.** service bay
（車頂）天窗	**12.** sunroof	照明燈	**27.** flare	汽車修理工	**42.** mechanic
行李架	**13.** luggage rack/	充電電纜	**28.** jumper cables	服務員	**43.** attendant
	luggage carrier	引擎／發動機	**29.** engine	油泵	**44.** gas pump
後擋風玻璃	**14.** rear windshield	火花塞	**30.** spark plugs	噴嘴	**45.** nozzle
化霜電熱絲	**15.** rear defroster	化油器	**31.** carburetor		

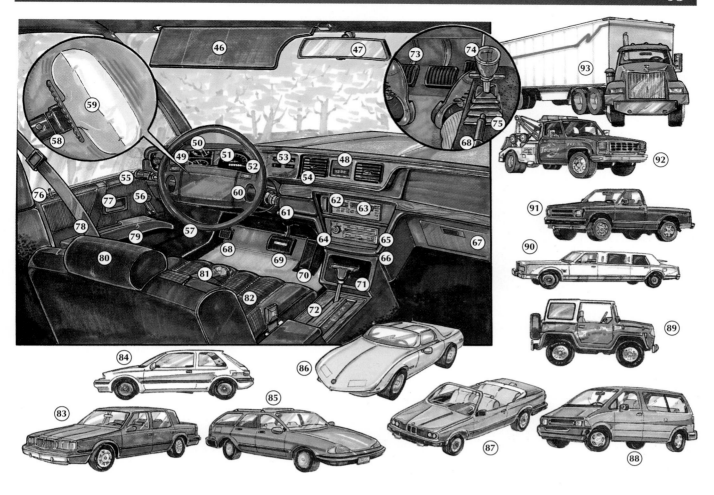

遮陽板	**46.** visor	收音機	**62.** radio	車門鎖	**76.** door lock
後視鏡	**47.** rearview mirror	卡式錄音機	**63.** tape deck/	門把手	**77.** door handle
儀表板	**48.** dashboard/		cassette player	安全肩帶	**78.** shoulder harness
	instrument panel	空調	**64.** air conditioning	扶手	**79.** armrest
油量表	**49.** gas gauge/	暖氣裝置	**65.** heater	頭枕	**80.** headrest
	fuel gauge	除霜器	**66.** defroster	安全帶	**81.** seat belt
溫度計	**50.** temperature gauge	儲藏小櫃	**67.** glove	（車）座	**82.** seat
時速表	**51.** speedometer		compartment	轎車	**83.** sedan
里程表	**52.** odometer	緊急剎車	**68.** emergency brake	艙蓋式轎車	**84.** hatchback
警告燈	**53.** warning lights	剎車	**69.** brake	旅行汽車/客貨兩用車	**85.** station wagon
通風孔	**54.** vent	油門	**70.** accelerator/	跑車	**86.** sports car
轉彎指示燈	**55.** turn signal		gas pedal	敞篷汽車	**87.** convertible
恒速器	**56.** cruise control	變速桿	**71.** gearshift	小型客貨兩用車	**88.** minivan
方向盤	**57.** steering wheel	自動變速箱	**72.** automatic	吉普車	**89.** jeep
方向盤輪柱	**58.** steering column		transmission	長身高級轎車	**90.** limousine
（緩衝）氣袋	**59.** air bag	離合器	**73.** clutch	運貨小卡車	**91.** pick-up truck
汽車喇叭	**60.** horn	手動變速桿	**74.** stickshift	拖車	**92.** tow truck
發火裝置	**61.** ignition	手動變速箱	**75.** manual	運貨卡車	**93.** truck
			transmission		

[1, 3, 8–15, 23, 34–38, 46–82]
A. What's the matter with your car?
B. The _____(s) is/are broken.

[1, 4–6, 9–11, 30–33, 37, 38]
A. Can I help you?
B. Yes. I need to replace
     a/the _____(s).

[1, 2, 4–8, 10–14, 16–20]
A. I was just in a car accident!
B. Oh, no! Were you hurt?
A. No. But my _____(s)
     was/were damaged.

隧道	**1.** tunnel	安全島	**13.** median	街道	**26.** street
橋	**2.** bridge	左車道	**14.** left lane	單向道	**27.** one-way street
收費亭	**3.** tollbooth	中央車道	**15.** middle lane/	分向雙黃線	**28.** double yellow line
（不找零錢）	**4.** exact change lane		center lane	行人穿越道	**29.** crosswalk
快速過道		右車道	**16.** right lane	十字路口	**30.** intersection
路標	**5.** route sign	路肩	**17.** shoulder	學童穿越道	**31.** school crossing
公路	**6.** highway	分道線	**18.** broken line	拐角	**32.** corner
路面	**7.** road	邊線	**19.** solid line	紅綠燈	**33.** traffic light/
分向牆	**8.** divider/barrier	法定時速牌	**20.** speed limit sign		traffic signal
高架／上跨橋	**9.** overpass	出口坡道	**21.** exit (ramp)	禁止左轉標誌	**34.** no left turn sign
橋下道	**10.** underpass	出口標記	**22.** exit sign	禁止右轉標誌	**35.** no right turn sign
入口坡道	**11.** entrance ramp/	等讓標記	**23.** yield sign	不准 U 形轉彎標誌	**36.** no U-turn sign
	on ramp	維修站	**24.** service area	不准駛入標誌	**37.** do not enter sign
州際（高速公路）	**12.** interstate (highway)	鐵路平交道	**25.** railroad crossing	暫停標誌	**38.** stop sign

A. Where's the accident?
B. It's on/in/at/near the _____.

Describe a highway you travel on.
Describe an intersection near where you live.

In your area, on which highways and streets do most accidents occur? Why are these places dangerous?

火車	**A. train**	臥車	16. sleeper
火車站	**1.** train station	餐車	17. dining car
售票處	**2.** ticket window		
到達、	**3.** arrival and	長途汽車	**B. bus**
出發時間牌	departure board	長途汽車	**18.** bus
問訊處	**4.** information booth	行李格	**19.** luggage compartment/
時間表	**5.** schedule/timetable		baggage compartment
火車	**6.** train	司機	**20.** bus driver
鐵軌	**7.** track	長途汽車站	**21.** bus station
月臺	**8.** platform	售票處	**22.** ticket counter
旅客	**9.** passenger		
列車長	**10.** conductor	市內公共汽車	**C. local bus**
行李	**11.** luggage/baggage	車站	**23.** bus stop
行李搬運工	**12.** porter/redcap	乘客	**24.** rider/passenger
車頭	**13.** engine	車費	**25.** (bus) fare
火車司機	**14.** engineer	投幣箱	**26.** fare box
客車	**15.** passenger car	轉車票	**27.** transfer

地鐵	**D. subway**	
地鐵站	**28.** subway station
地鐵	**29.** subway
售票處	**30.** token booth
旋轉入口	**31.** turnstile
乘客	**32.** commuter
（地鐵）票	**33.** (subway) token
月票	**34.** fare card
月票自售機	**35.** fare card machine
出租汽車	**E. taxi**
出租汽車站	**36.** taxi stand
出租汽車	**37.** taxi/cab/taxicab
車費儀	**38.** meter
車費	**39.** fare
出租汽車司機	**40.** cab driver/taxi driver

[A–E]
A. How are you going to get there?
B. { I'm going to take the _[A–D]_ .
{ I'm going to take a _[E]_ .

[1–8, 10–23, 26, 28–31, 35, 36]
A. Excuse me. Where's the _____?
B. Over there.

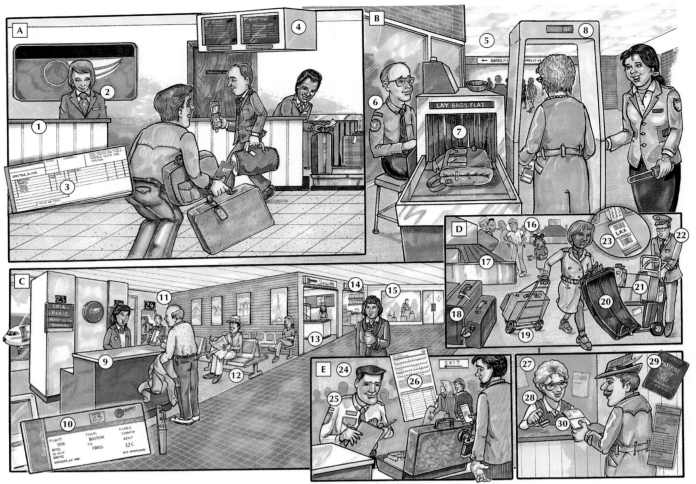

登記 **A. Check-In**
檢票台／售票處 **1.** ticket counter
檢票員／售票員 **2.** ticket agent
機票 **3.** ticket
到達、出發時間顯示屏 **4.** arrival and departure monitor

安全檢查 **B. Security**
安全檢查關口 **5.** security checkpoint
安全檢查員 **6.** security guard
X 光掃描機 **7.** X-ray machine
安全門／金屬物品探測器 **8.** metal detector

登機口 **C. The Gate**
檢票處 **9.** check-in counter
登機牌 **10.** boarding pass
登機口 **11.** gate
侯機室 **12.** waiting area
小吃店 **13.** concession stand/snack bar
禮品店 **14.** gift shop
免稅商店 **15.** duty-free shop

領取行李 **D. Baggage Claim**
行李認領處 **16.** baggage claim (area)
行李運送帶 **17.** baggage carousel
行李箱 **18.** suitcase
行李小車 **19.** luggage carrier
衣袋 **20.** garment bag
行李 **21.** baggage
行李搬運工 **22.** porter/skycap
（行李）牌 **23.** (baggage) claim check

海關和出入境檢查 **E. Customs and Immigration**
海關 **24.** customs
海關關務員 **25.** customs officer
申報表 **26.** customs declaration form
出入境檢查 **27.** immigration
出入境檢查員 **28.** immigration officer
護照 **29.** passport
簽証 **30.** visa

[1, 2, 4–9, 11–17, 24, 25, 27, 28]
A. Excuse me. Where's the _____?*
B. Right over there.

With 24 and 27, use: Excuse me. Where's _____?

[3, 10, 18–21, 23, 26, 29, 30]
A. Oh, no! I think I've lost my _____!
B. I'll help you look for it.

飛機

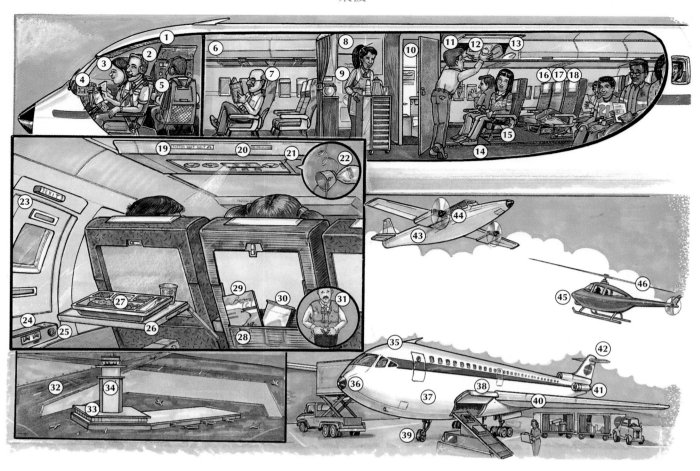

駕駛艙	**1.** cockpit	中間座位	**17.** middle seat	跑道	**32.** runway
飛行員／機長	**2.** pilot/captain	靠走廊座位	**18.** aisle seat	機場大樓	**33.** terminal (building)
副機長	**3.** co-pilot	繫安全帶信號	**19.** Fasten Seat Belt sign	指揮塔	**34.** control tower
儀表板	**4.** instrument panel			（噴氣式）飛機	**35.** airplane/plane/jet
機械師	**5.** flight engineer	不准吸煙信號	**20.** No Smoking sign	機頭	**36.** nose
頭等艙／一等艙	**6.** first-class section	求助按鈕	**21.** call button	機身	**37.** fuselage
旅客	**7.** passenger	氧氣面罩	**22.** oxygen mask	貨艙門	**38.** cargo door
廚房	**8.** galley	緊急出口	**23.** emergency exit	起落架	**39.** landing gear
服務員	**9.** flight attendant	扶手	**24.** armrest	機翼	**40.** wing
廁所	**10.** lavatory/bathroom	椅背調節器	**25.** seat control	引擎／發動機	**41.** engine
客艙	**11.** cabin	折叠小桌	**26.** tray (table)	機尾	**42.** tail
隨身行李	**12.** carry-on bag	餐	**27.** meal	螺旋槳飛機	**43.** propeller plane/prop
行李格	**13.** overhead compartment	椅袋	**28.** seat pocket		
		緊急指令卡	**29.** emergency instruction card	螺旋槳	**44.** propeller
走廊	**14.** aisle			直升飛機	**45.** helicopter
安全帶	**15.** seat belt	量機袋	**30.** air sickness bag	旋翼	**46.** rotor (blade)
靠窗座位	**16.** window seat	救生衣	**31.** life vest		

A. Where's the _____?

B. In/On/Next to/Behind/In front of/Above/ Below the _____.

Ladies and gentlemen. This is your captain speaking. I'm sorry for the delay. We had a little problem with one of our _____s.* Everything is fine now and we'll be taking off shortly.

*Use 4, 7, 10, 12, 20–22, 24.

四季與天氣

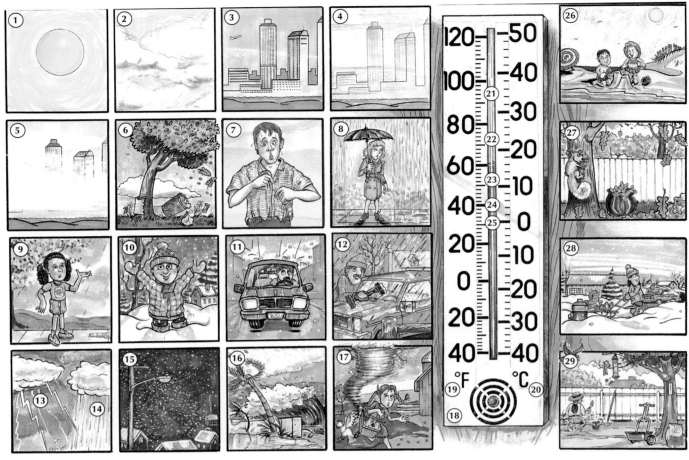

天氣	**A. Weather**
陽光燦爛	**1.** sunny
多雲	**2.** cloudy
晴	**3.** clear
（煙）霧蒙蒙	**4.** hazy
濃霧	**5.** foggy
刮風	**6.** windy
潮濕／悶熱	**7.** humid/muggy
下雨	**8.** raining
小雨	**9.** drizzling
下雪	**10.** snowing
下冰雹	**11.** hailing

下凍雨	**12.** sleeting
閃電	**13.** lightning
下雷陣雨	**14.** thunderstorm
下大雪	**15.** snowstorm
刮颱風	**16.** hurricane/typhoon
刮龍卷風	**17.** tornado

氣溫	**B. Temperature**
溫度計	**18.** thermometer
華氏	**19.** Fahrenheit
攝氏	**20.** Centigrade/Celsius
炎熱	**21.** hot

暖和	**22.** warm
涼快	**23.** cool
寒冷	**24.** cold
結冰	**25.** freezing

四季	**C. Seasons**
夏	**26.** summer
秋	**27.** fall/autumn
冬	**28.** winter
春	**29.** spring

[1–12]
A. What's the weather like?
B. It's _____.

[13–17]
A. What's the weather forecast?
B. There's going to be
   __[13]__ /a __[14–17]__ .

[19–25]
A. How's the weather?
B. It's __[21–25]__ .
A. What's the temperature?
B. It's ……. degrees __[19, 20]__ .

Describe the seasons where you live.
Tell about the weather and the temperature.

What's your favorite season?
Why?

露營	**A. camping**	徒步登山	**B. hiking**	攀岩	**D. rock climbing**
帳篷	**1.** tent	登山靴	**8.** hiking boots	繩索	**12.** rope
背包	**2.** backpack	指南針	**9.** compass	安全帶	**13.** harness
睡袋	**3.** sleeping bag	山路圖	**10.** trail map		
帳篷樁	**4.** tent stakes			野餐	**E. picnic**
小斧	**5.** hatchet			地毯	**14.** (picnic) blanket
燈籠	**6.** lantern	爬山	**C. mountain climbing**	保溫瓶	**15.** thermos
野餐爐	**7.** camp stove	登山靴	**11.** hiking boots	野餐籃	**16.** picnic basket

[A–E]
A. Let's go _____* this weekend.
B. Good idea! We haven't gone _____*
in a long time.

With E, say: on a picnic

[1–16]
A. Did you bring the _____?
B. Yes, I did.

Have you ever gone camping or hiking?
Where? What equipment did you use?

Do you like to go on picnics? Where?
What picnic supplies and food do you take with you?

公園與遊樂場

慢跑道	**1.** jogging path	動物園	**10.** zoo	攀緣架	**19.** jungle gym
廁所	**2.** rest rooms	飲水機頭	**11.** water fountain	攀行架	**20.** monkey bars
塑像	**3.** statue	室外音樂廳	**12.** band shell	滑梯	**21.** slide
野餐區	**4.** picnic area	馬道	**13.** bridle path	鞦韆	**22.** swings
野餐桌	**5.** picnic table	自行車架	**14.** bike rack	胎座鞦韆	**23.** tire swing
烤肉架	**6.** grill	鴨池	**15.** duck pond	蹺蹺板	**24.** seesaw
垃圾桶	**7.** trash can	自行車道	**16.** bicycle path/	踏水池	**25.** wading pool
旋轉木馬	**8.** merry-go-round/		bikeway	沙坑	**26.** sandbox
	carousel	長凳	**17.** bench	沙	**27.** sand
噴水池	**9.** fountain	遊樂場	**18.** playground		

[1–18] A. Excuse me. Does this park have (a) _____?
        B. Yes. Right over there.

[19–27] A. { Be careful on the __[19–24]__ !
       A. { Be careful in the __[25–27]__ !
       B. I will, Mom/Dad.

Describe a park and a playground you are familiar with.

海濱

救生員	**1.** lifeguard	日光浴者	**11.** sunbather	充氣浮墊	**22.** raft/air mattress
救生塔	**2.** lifeguard stand	沙堡	**12.** sand castle	浮胎	**23.** tube
救生圈	**3.** life preserver	貝殼	**13.** seashell/shell	（沙灘）毯	**24.** (beach) blanket
小賣部	**4.** snack bar/ refreshment stand	太陽傘	**14.** beach umbrella	太陽帽	**25.** sun hat
沙丘	**5.** sand dune	（沙灘）躺椅	**15.** (beach) chair	太陽眼鏡	**26.** sunglasses
岩石	**6.** rock	（沙灘）浴巾	**16.** (beach) towel	防曬油	**27.** suntan lotion/ sunscreen
游泳者	**7.** swimmer	游泳衣	**17.** bathing suit/ swimsuit	水桶	**28.** pail/bucket
波浪	**8.** wave	游泳帽	**18.** bathing cap	鍬	**29.** shovel
衝浪者	**9.** surfer	浮板	**19.** kickboard	海灘球	**30.** beach ball
小販	**10.** vendor	衝浪板	**20.** surfboard	手提冰盒	**31.** cooler
		風箏	**21.** kite		

[1–13]
A. What a nice beach!
B. It is. Look at all the _____s!

[14–31]
A. Are you ready for the beach?
B. Almost. I just have to get my _____.

Do you like to go to the beach? Describe your favorite beach. What do you take when you go there?

個人運動與娛樂

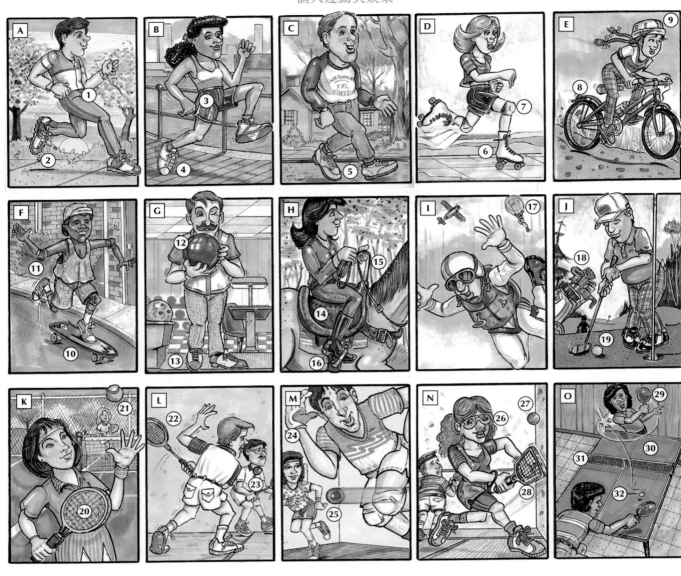

慢跑	**A. jogging**	打保齡球	**G. bowling**	打軟式墻球	**L. squash**
慢跑衣褲	1. jogging suit	保齡球	12. bowling ball	墻球拍	22. squash racquet
慢跑鞋	2. jogging shoes	保齡球鞋	13. bowling shoes	墻球	23. squash ball
快跑	**B. running**	騎馬	**H. horseback riding**	打手球	**M. handball**
快跑短褲	3. running shorts	馬鞍	14. saddle	手球手套	24. handball glove
跑鞋	4. running shoes	韁繩	15. reins	手球	25. handball
		馬鐙	16. stirrups		
步行	**C. walking**			打快速墻球	**N. racquetball**
步行鞋	5. walking shoes	延遲張傘的跳傘	**I. skydiving**	護目鏡	26. safety goggles
		降落傘	17. parachute	快速墻球	27. racquetball
溜冰	**D. roller skating**			快速墻球拍	28. racquet
溜冰鞋	6. roller skates	打高爾夫球	**J. golf**		
護膝	7. knee pads	高爾夫球棍	18. golf clubs	打乒乓球	**O. ping pong**
		高爾夫球	19. golf ball	乒乓球拍	29. paddle
單車／自行車運動	**E. cycling/**			乒乓球桌	30. ping pong table
	bicycling/biking	打網球	**K. tennis**	乒乓球網	31. net
單車／自行車	8. bicycle/bike	網球拍	20. tennis racquet	乒乓球	32. ping pong ball
（自行車）頭盔	9. (bicycle) helmet	網球	21. tennis ball		
滑板運動	**F. skateboarding**				
滑板	10. skateboard				
護肘	11. elbow pads				

玩飛碟	**P. frisbee**
飛碟	33. frisbee
投標	**Q. darts**
投標板	34. dartboard
投標	35. darts
打臺球／桌球	**R. billiards/pool**
臺球／桌球桌	36. pool table
臺球	37. billiard balls
球桿	38. pool stick
空手道	**S. karate**
拳服	39. karate outfit
腰帶	40. karate belt

體操	**T. gymnastics**
平衡木	41. balance beam
雙槓	42. parallel bars
軟墊	43. mat
木馬	44. horse
蹦床	45. trampoline
舉重	**U. weightlifting**
槓鈴	46. barbell
啞鈴	47. weights
射箭	**V. archery**
弓與箭	48. bow and arrow
靶子／目標	49. target

拳擊	**W. box**
拳擊手套	50. boxing gloves
（拳擊）短褲	51. (boxing) trunks
摔跤	**X. wrestle**
摔跤服	52. wrestling uniform
墊子	53. (wrestling) mat
鍛煉	**Y. work out**
運動器材	54. universal/ exercise equipment
健身自行車	55. exercise bike

[A–Y]
A. What do you like to do in your free time?

B.
- I like to go [A–I].
- I like to play [J–R].
- I like to do [S–V].
- I like to [W–Y].

[1–55]
A. I really like this/these new _____.
B. It's/They're very nice.

團體運動項目

[A–H]
A. Do you like **baseball**?
B. Yes. **Baseball** is one of my favorite sports.

棒球	**A. baseball**	曲棍球	**D. lacrosse**	排球	**G. volleyball**
棒球隊員	**1.** baseball player	曲棍球隊員	**7.** lacrosse player	排球隊員	**13.** volleyball player
棒球場	**2.** baseball field/ballfield	曲棍球場	**8.** lacrosse field	排球場	**14.** volleyball court
壘球	**B. softball**	冰球	**E. (ice) hockey**	足球	**H. soccer**
壘球隊員	**3.** softball player	冰球隊員	**9.** hockey player	足球隊員	**15.** soccer player
壘球場	**4.** ballfield	冰球場	**10.** hockey rink	足球場	**16.** soccer field
橄欖球	**C. football**	籃球	**F. basketball**		
橄欖球隊員	**5.** football player	籃球隊員	**11.** basketball player		
橄欖球場	**6.** football field	籃球場	**12.** basketball court		

A. .... plays [A–H] very well.
B. You're right. I think he's/she's one of the best _____s* on the team.

*Use 1, 3, 5, 7, 9, 11, 13, 15.

A. Now, listen! I want all of you to go out on that _____† and play the best game of [A–H] you've ever played!
B. All right, Coach!

†Use 2, 4, 6, 8, 10, 12, 14, 16.

Which sports on this page do you like to play? Which do you like to watch?
What are your favorite teams?
Name some famous players of these sports.

[1–27]
A. I can't find my **baseball**!
B. Look in the *closet*.*

*closet, basement, garage

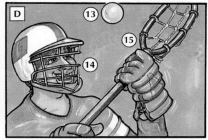

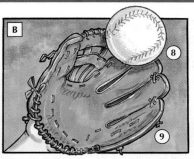

棒球（運動）	**A. baseball**	橄欖球（運動）	**C. football**	籃球（運動）	**F. basketball**
棒球	1. baseball	橄欖球	10. football	籃球	21. basketball
球棍	2. bat	橄欖球頭盔	11. football helmet	籃板	22. backboard
擊球手頭盔	3. batting helmet	護肩	12. shoulder pads	籃圈	23. basketball hoop
棒球服	4. baseball uniform				
接球手面罩	5. catcher's mask	曲棍球（運動）	**D. lacrosse**	排球（運動）	**G. volleyball**
棒球手套	6. baseball glove	曲棍球	13. lacrosse ball	排球	24. volleyball
接球手套	7. catcher's mitt	面具	14. face guard	排球網	25. volleyball net
		球桿	15. lacrosse stick		
壘球（運動）	**B. softball**			足球（運動）	**H. soccer**
壘球	8. softball	冰球（運動）	**E. hockey**	足球	26. soccer ball
壘球手套	9. softball glove	冰球	16. hockey puck	護脛套	27. shinguards
		球桿	17. hockey stick		
		面罩	18. hockey mask		
		手套	19. hockey glove		
		冰球鞋	20. hockey skates		

[In a store]
A. Excuse me. I'm looking for (a) [1–27].
B. All our [A–H] equipment is over there.
A. Thanks.

[At home]
A. I'm going to play [A–H] after school today.
B. Don't forget your [1–21, 24–27]!

Which sports on this page are popular in your country? Which sports are played in high school?

冬季運動和娛樂

（下坡）滑雪 **A. (downhill) skiing**
滑雪板   **1.** skis
滑雪靴   **2.** ski boots
靴卡   **3.** bindings
撐桿   **4.** poles

越野滑雪   **B. cross-country skiing**
越野滑雪板 **5.** cross-country skis

溜冰   **C. (ice) skating**
溜冰鞋   **6.** (ice) skates
冰刀套   **7.** skate guards

花式溜冰   **D. figure skating**
花式溜冰鞋 **8.** figure skates

滑雪橇   **E. sledding**
雪橇   **9.** sled
圓雪橇   **10.** sledding dish/
            saucer

滑大雪橇   **F. bobsledding**
大雪橇   **11.** bobsled

駕雪車   **G. snowmobiling**
雪車   **12.** snowmobile

滑平底雪橇 **H. tobogganing**
平底雪橇   **13.** toboggan

[A–H]
  [At work or at school on Friday]
A. What are you going to do this
    weekend?
B. I'm going to go _____.

[1–13]
  [On the telephone]
A. Hello. Jimmy's Sporting Goods.
B. Hello. Do you sell _____(s)?
A. Yes, we do./No, we don't.

Have you ever watched the Winter
Olympics? What is your favorite
event? Which event do you think
is the most exciting? the most
dangerous?

水上運動

[A–L]
A. Would you like to go **sailing** tomorrow?
B. Sure. I'd love to.

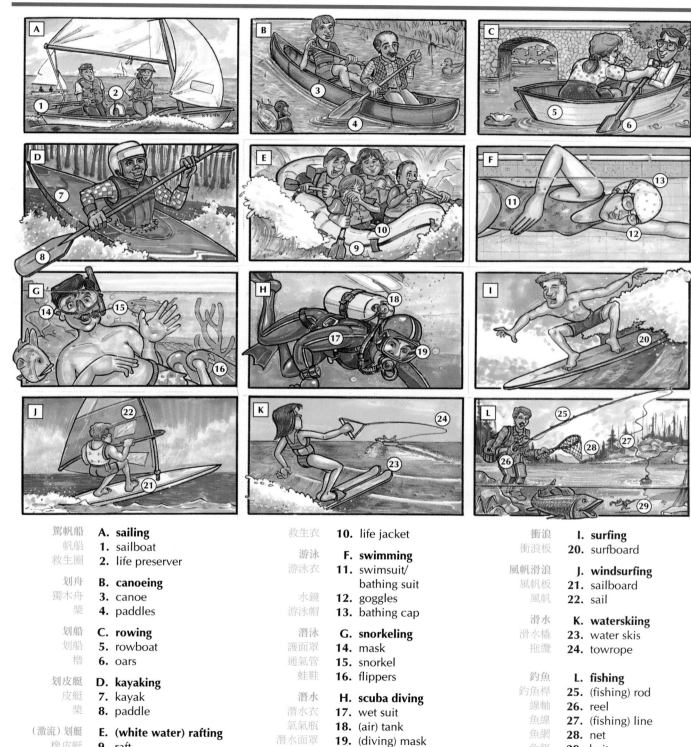

駕帆船	**A. sailing**
帆船	**1.** sailboat
救生圈	**2.** life preserver
划舟	**B. canoeing**
獨木舟	**3.** canoe
槳	**4.** paddles
划船	**C. rowing**
划船	**5.** rowboat
櫓	**6.** oars
划皮艇	**D. kayaking**
皮艇	**7.** kayak
槳	**8.** paddle
(激流) 划艇	**E. (white water) rafting**
橡皮艇	**9.** raft

救生衣	**10.** life jacket
游泳	**F. swimming**
游泳衣	**11.** swimsuit/ bathing suit
水鏡	**12.** goggles
游泳帽	**13.** bathing cap
潛泳	**G. snorkeling**
護面罩	**14.** mask
通氣管	**15.** snorkel
蛙鞋	**16.** flippers
潛水	**H. scuba diving**
潛水衣	**17.** wet suit
氧氣瓶	**18.** (air) tank
潛水面罩	**19.** (diving) mask

衝浪	**I. surfing**
衝浪板	**20.** surfboard
風帆滑浪	**J. windsurfing**
風帆板	**21.** sailboard
風帆	**22.** sail
滑水	**K. waterskiing**
滑水橇	**23.** water skis
拖纜	**24.** towrope
釣魚	**L. fishing**
釣魚桿	**25.** (fishing) rod
線軸	**26.** reel
魚線	**27.** (fishing) line
魚網	**28.** net
魚餌	**29.** bait

體育動作

擊球	**1.** hit		走	**13.** walk		舉	**25.** lift
投球	**2.** pitch		跑	**14.** run		游泳	**26.** swim
擲球	**3.** throw		單足跳	**15.** hop		跳水	**27.** dive
接球	**4.** catch		輕跳	**16.** skip		射箭	**28.** shoot
傳球	**5.** pass		跳躍	**17.** jump		俯臥撐	**29.** push-up
踢球	**6.** kick		跪下	**18.** kneel		仰臥起坐	**30.** sit-up
發球	**7.** serve		坐	**19.** sit		舉腿	**31.** leg lift
拍球	**8.** bounce		躺下	**20.** lie down		放鬆跳	**32.** jumping jack
運球	**9.** dribble		伸臂	**21.** reach		深蹲起立	**33.** deep knee bend
投籃	**10.** shoot		轉體	**22.** swing		翻觔斗	**34.** somersault
伸展	**11.** stretch		推	**23.** push		橫翻觔斗	**35.** cartwheel
彎腰	**12.** bend		拉	**24.** pull		倒立	**36.** handstand

[1–10]   A. _____ the ball!
         B. Okay, Coach!

[11–28]   A. Now _____!
          B. Like this?
          A. Yes.

[29–36]   A. Okay, everybody. I want
              you to do twenty _____s!
          B. Twenty _____s?!
          A. That's right.

Do you exercise regularly?
Which exercises do you do?

Be an exercise instructor. Lead your friends in an exercise
routine using the actions on this page.

[A–Q]
A. What's your hobby?
B. **Sewing.**

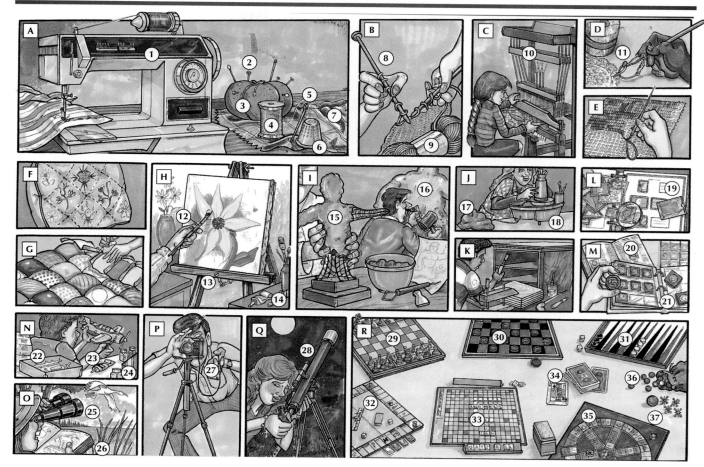

縫紉/車衣	**A. sewing**	繪畫	**H. painting**	（模型）膠水	23. (model) glue
縫紉機	1. sewing machine	畫筆	12. paintbrush	油彩／塗料	24. (model) paint
大頭針	2. pin	畫架	13. easel		
針插	3. pin cushion	顏色	14. paint	野鳥觀察	**O. bird watching**
線	4. thread			雙筒望遠鏡	25. binoculars
（縫衣）針	5. (sewing) needle	雕塑	**I. sculpting/sculpture**	視野指南	26. field guide
頂針箍	6. thimble	石膏	15. plaster		
布	7. material	石頭	16. stone	攝影	**P. photography**
				照相機	27. camera
毛衣編織	**B. knitting**	制陶	**J. pottery**		
毛衣針	8. knitting needle	粘土	17. clay	天文學	**Q. astronomy**
（毛）線	9. yarn	制陶轉盤	18. potter's wheel	天文望遠鏡	28. telescope
紡織	**C. weaving**	木工	**K. woodworking**	棋類遊戲	**R. games**
織布機	10. loom			國際象棋	29. chess
		集郵	**L. stamp collecting**	西洋棋	30. checkers
鈎織	**D. crocheting**	集郵冊	19. stamp album	西洋雙陸棋	31. backgammon
鈎針	11. crochet hook			大富翁牌戲	32. Monopoly
		集幣	**M. coin collecting**	拼字遊戲	33. Scrabble
針織花邊	**E. needlepoint**	集幣目錄	20. coin catalog	撲克牌	34. cards
		集幣冊	21. coin album	瑣細問答遊戲	35. Trivial Pursuit
刺繡	**F. embroidery**			（打）彈子	36. marbles
		模型製作	**N. model building**	拋球游戲	37. jacks
製被	**G. quilting**	模型元件	22. model kit		

[1–28] [In a store]
A. May I help you?
B. Yes, please. I'd like to buy (a/an) _____.

[29–37] [At home]
A. What do you want to do?
B. Let's play _____.

What's your hobby?
What games are popular in your country? Describe how to play one.

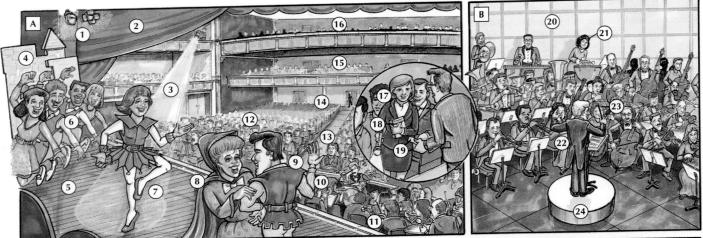

看戲	**A. theater**	間樓座位席	**15.** mezzanine	看芭蕾舞	**D. ballet**
舞臺燈／光	**1.** lights/lighting	三樓座位席	**16.** balcony	芭蕾舞男演員	**27.** ballet dancer
幕	**2.** curtain	領座員	**17.** usher	芭蕾舞女演員	**28.** ballerina
聚光燈	**3.** spotlight	節目單	**18.** program	芭蕾舞劇院	**29.** ballet company
布景	**4.** scenery	票	**19.** ticket	舞鞋	**30.** ballet slippers
舞台	**5.** stage			尖頭舞鞋	**31.** toeshoes
合唱團	**6.** chorus	聽交響樂	**B. symphony**		
獨舞演員	**7.** dancer	交響樂隊	**20.** symphony orchestra	看電影	**E. movies**
女演員	**8.** actress	樂師	**21.** musician	門罩	**32.** marquee
男演員	**9.** actor	指揮	**22.** conductor	售票處	**33.** box office
樂隊	**10.** orchestra	指揮棒	**23.** baton	廣告牌	**34.** billboard
樂池	**11.** orchestra pit	指揮臺	**24.** podium	門廳	**35.** lobby
聽眾	**12.** audience			小賣部	**36.** refreshment stand
走廊	**13.** aisle	聽歌劇	**C. opera**	（電影）屏幕	**37.** (movie) screen
底樓座位席	**14.** orchestra	歌劇演員	**25.** opera singer		
		歌劇院	**26.** opera company		

[A–E]
A. What are you doing this evening?
B. I'm going to the _____.

[1–11, 20–37]
A. { What a magnificent _____!
    { What magnificent _____s!
B. I agree.

[14–16]
A. Where did you sit during the performance?
B. We sat in the _____.

What kinds of entertainment on this page are popular in your country?

Tell about a play, concert, opera, ballet, or movie you have seen. Describe the performance and the theater.

音樂	**A. music**
古典音樂	**1.** classical music
流行音樂	**2.** popular music
鄉村音樂	**3.** country music
搖滾樂	**4.** rock music
民間音樂	**5.** folk music
強節奏談話樂	**6.** rap music
黑人宗教音樂	**7.** gospel music
爵士樂	**8.** jazz
傷感惑黑人民歌	**9.** blues
(美)南部鄉村音樂	**10.** bluegrass
金屬搖滾樂	**11.** heavy metal
牙買加民間音樂	**12.** reggae

戲劇	**B. plays**
話劇	**13.** drama
喜劇	**14.** comedy
音樂喜劇	**15.** musical (comedy)

電影	**C. movies**
戲劇故事片	**16.** drama
喜劇片	**17.** comedy
西部片	**18.** western
卡通／動畫片	**19.** cartoon
外文片	**20.** foreign film
歷險片	**21.** adventure movie
戰爭片	**22.** war movie
科幻片	**23.** science fiction movie

電視節目	**D. TV programs**
戲劇性故事	**24.** drama
連續（情景）	**25.** (situation) comedy/ sitcom
喜劇	
談話節目	**26.** talk show
遊戲表演	**27.** game show
新聞節目	**28.** news program
體育節目	**29.** sports program
兒童節目	**30.** children's program
卡通／動畫（片）	**31.** cartoon

A. What kind of __[A–D]__ do you like?

B. { I like __[1–12]__ .
{ I like __[13–31]__ s.

What's your favorite type of music?
Who is your favorite singer? musician? musical group?

What kind of movies do you like?
Who are your favorite movie stars?
What are the titles of your favorite movies?

What kind of TV programs do you like?
What are your favorite shows?

樂器

A. Do you play a musical instrument?
B. Yes. I play the **violin**.

弦樂器	**A. Strings**	雙簧管	**14.** oboe	鐃鈸	**26.** cymbals
小提琴	**1.** violin	直笛	**15.** recorder	木琴	**27.** xylophone
中提琴	**2.** viola	薩克管	**16.** saxophone		
大提琴	**3.** cello	巴松管	**17.** bassoon	鍵盤樂器	**E. Keyboard Instruments**
低音提琴	**4.** bass				
吉他	**5.** (acoustic) guitar	銅管樂器	**C. Brass**	鋼琴	**28.** piano
四弦琴	**6.** ukelele	小喇叭／小號	**18.** trumpet	風琴	**29.** organ
電吉他	**7.** electric guitar	伸縮喇叭／長號	**19.** trombone	電子鋼琴	**30.** electric piano/ digital piano
班卓琴	**8.** banjo	法國號／圓號	**20.** French horn		
曼陀林琴	**9.** mandolin	低音喇叭／大號	**21.** tuba	電子合成器	**31.** synthesizer
豎琴	**10.** harp				
		打擊樂器	**D. Percussion**	其他樂器	**F. Other Instruments**
木管樂器	**B. Woodwinds**	鼓	**22.** drum	手風琴	**32.** accordion
短笛	**11.** piccolo	定音鼓	**23.** kettle drum	口琴	**33.** harmonica
長笛	**12.** flute	古巴手鼓	**24.** bongos		
單簧管／黑管	**13.** clarinet	康茄鼓／手鼓	**25.** conga (drum)		

A. You play the _____ very well.
B. Thank you.

A. What's that noise?
B. That's my son/daughter practicing the _____.

Do you play a musical instrument? Which one?
Name and describe other musical instruments used in your country.

樹	**1.** tree	楓樹	**18.** maple	梔子	**34.** gardenia
一張樹葉 — 幾張樹葉	**2.** leaf–leaves	橡樹	**19.** oak	百合	**35.** lily
細枝	**3.** twig	松樹	**20.** pine	三色紫羅蘭	**36.** pansy
分枝	**4.** branch	紅杉	**21.** redwood	矮牽牛	**37.** petunia
大樹枝	**5.** limb	垂柳	**22.** (weeping) willow	蘭花	**38.** orchid
樹幹	**6.** trunk	花卉	**23.** flower	玫瑰花	**39.** rose
樹皮	**7.** bark	花瓣	**24.** petal	太陽花	**40.** sunflower
樹根	**8.** root	雌蕊	**25.** pistula	鬱金香	**41.** tulip
針葉	**9.** needle	雄蕊	**26.** stamen	紫羅蘭	**42.** violet
球果	**10.** cone	莖	**27.** stem	矮樹	**43.** bush
山茱萸	**11.** dogwood	蓓蕾	**28.** bud	灌木	**44.** shrub
冬青樹	**12.** holly	刺	**29.** thorn	（吊）蕨	**45.** fern
木蘭	**13.** magnolia	球莖	**30.** bulb	盆栽	**46.** plant
榆木	**14.** elm	菊花	**31.** chrysanthemum/	仙人掌	**47.** cactus–cacti
櫻桃樹	**15.** cherry		mum	葡萄樹（藤）	**48.** vine
芭蕉樹	**16.** palm	水仙花	**32.** daffodil	青草	**49.** grass
白樺	**17.** birch	雛菊	**33.** daisy	毒藤	**50.** poison ivy

[11–22]
A. What kind of tree is that?
B. I think it's a/an _____ tree.

[31–48]
A. Look at all the _____s!
B. They're beautiful!

Describe your favorite tree and your favorite flower.
What kinds of trees and flowers grow where you live?

In your country, are flowers used at weddings? at funerals?
on holidays? on visits to the hospital? Tell which flowers are
used for different occasions.

環境和能源

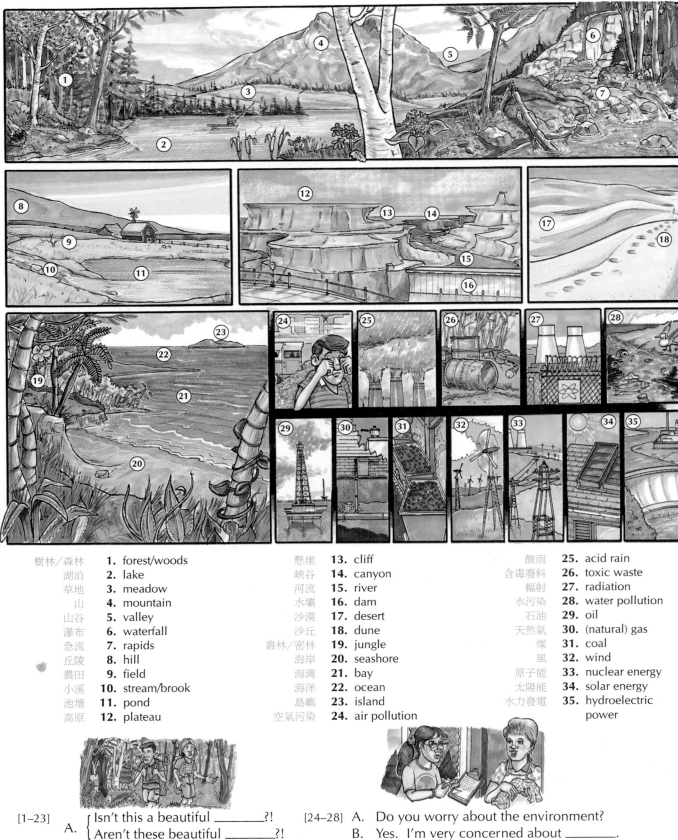

樹林／森林	**1.** forest/woods	懸崖 **13.** cliff
湖泊	**2.** lake	峽谷 **14.** canyon
草地	**3.** meadow	河流 **15.** river
山	**4.** mountain	水壩 **16.** dam
山谷	**5.** valley	沙漠 **17.** desert
瀑布	**6.** waterfall	沙丘 **18.** dune
急流	**7.** rapids	叢林／密林 **19.** jungle
丘陵	**8.** hill	海岸 **20.** seashore
農田	**9.** field	海灣 **21.** bay
小溪	**10.** stream/brook	海洋 **22.** ocean
池塘	**11.** pond	島嶼 **23.** island
高原	**12.** plateau	空氣污染 **24.** air pollution

酸雨	**25.** acid rain
含毒廢料	**26.** toxic waste
輻射	**27.** radiation
水污染	**28.** water pollution
石油	**29.** oil
天然氣	**30.** (natural) gas
煤	**31.** coal
風	**32.** wind
原子能	**33.** nuclear energy
太陽能	**34.** solar energy
水力發電	**35.** hydroelectric power

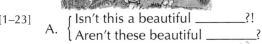

[1–23]   A. { Isn't this a beautiful _____?!
 Aren't these beautiful _____?!
      B.   It's/They're magnificent. 宏偉

[24–28]   A.   Do you worry about the environment?
         B.   Yes. I'm very concerned about _____.

Describe some places of natural beauty in your country.

What kind of energy do you use to heat your home? to cook?
In your opinion, which kind of energy is best for producing electricity?

農舍	**1.** farmhouse	聯合收割機	**14.** combine	火雞	**27.** turkey
菜園	**2.** (vegetable) garden	牧場	**15.** pasture	山羊	**28.** goat
稻草人	**3.** scarecrow	果園	**16.** orchard	小山羊	**29.** kid
農作物	**4.** crop	果樹	**17.** fruit tree	綿羊	**30.** sheep
灌溉系統	**5.** irrigation system	農夫	**18.** farmer	小綿羊	**31.** lamb
牲口棚	**6.** barn	僱工	**19.** hired hand	公牛	**32.** bull
穀倉	**7.** silo	養雞場	**20.** chicken coop	奶牛	**33.** (dairy) cow
馬廐	**8.** stable	母雞舍	**21.** hen house	一頭小牛 — 幾頭小牛	**34.** calf–calves
乾草	**9.** hay	柵欄	**22.** fence	馬	**35.** horse
草叉	**10.** pitchfork	拖拉機	**23.** tractor	豬	**36.** pig
露天牲口棚	**11.** barnyard	公雞	**24.** rooster	小豬	**37.** piglet
豬圈	**12.** pig pen/pig sty	母雞	**25.** chicken/hen		
農田	**13.** field	小雞	**26.** chick		

A. Where's the _____?
B. In/On/Next to the _____.

A. The [24–37] s got loose again!
B. Oh, no! Where are they?
A. They're in the [1, 2, 12, 13, 15, 16, 20, 21] !

Tell about farms in your country.
What crops and animals are common on these farms?

狐狸	**1.** fox	蝙蝠	**15.** bat	長頸鹿	**28.** giraffe
豪豬	**2.** porcupine	臭鼬	**16.** skunk	野牛	**29.** bison
刺	**a.** quill	負鼠	**17.** possum	象	**30.** elephant
浣熊	**3.** raccoon	驢	**18.** donkey	象牙	**a.** tusk
一只狼—幾只狼	**4.** wolf–wolves	水牛	**19.** buffalo	象鼻	**b.** trunk
麋鹿	**5.** moose	駱駝	**20.** camel	老虎	**31.** tiger
鹿角	**a.** antler	駝峰	**a.** hump	虎爪	**a.** paw
鹿	**6.** deer	駱馬	**21.** llama	獅子	**32.** lion
蹄	**a.** hoof	馬	**22.** horse	鬃	**a.** mane
小鹿	**7.** fawn	馬尾	**a.** tail	河馬	**33.** hippopotamus
一只老鼠—幾只老鼠	**8.** mouse–mice	馬駒	**23.** foal	土狼	**34.** hyena
花栗鼠	**9.** chipmunk	矮馬	**24.** pony	犀牛	**35.** rhinoceros
野鼠	**10.** rat	犰狳	**25.** armadillo	角	**a.** horn
松鼠	**11.** squirrel	袋鼠	**26.** kangaroo	斑馬	**36.** zebra
兔子	**12.** rabbit	肚袋	**a.** pouch	斑紋	**a.** stripes
地鼠	**13.** gopher	豹	**27.** leopard		
河狸	**14.** beaver	豹斑	**a.** spots		

黑熊	**37.** black bear	長臂猿	**44.** gibbon	寵物	**Pets**
熊爪	**a.** claw	狒狒	**45.** baboon	貓	**51.** cat
灰熊	**38.** grizzly bear	猩猩	**46.** orangutan	鬚	**a.** whiskers
北極熊	**39.** polar bear	大猩猩	**47.** gorilla	小貓	**52.** kitten
考拉熊／無尾熊	**40.** koala (bear)	食蟻熊	**48.** anteater	狗	**53.** dog
熊貓	**41.** panda	蚯蚓	**49.** worm	小狗	**54.** puppy
猴	**42.** monkey	鼻涕蟲	**50.** slug	倉鼠	**55.** hamster
黑猩猩	**43.** chimpanzee			山鼠	**56.** gerbil
				豚鼠／天竺鼠	**57.** guinea pig

[1–50] A. Look at that _____!
　　　 B. Wow! That's the biggest _____
　　　　 I've ever seen!

[51–57] A. Do you have a pet?
　　　　 B. Yes. I have a _____.
　　　　 A. What's your _____'s name?
　　　　 B. …………

What animals can be found where you live?
Is there a zoo near where you live? What animals does the
　 zoo have?
What are some common pets in your country?

If you were an animal, which animal do you think you
　 would be? Why?
Does your culture have any popular folk tales or children's
　 stories about animals? Tell a story you are familiar with.

飛禽和昆蟲

鳥類	**A. Birds**	鴿子	11. pigeon	鵜鶘	26. pelican	黃蜂	39. wasp
知更鳥	1. robin	貓頭鷹	12. owl	孔雀	27. peacock	扁蝨	40. tick
鳥窩	a. nest	蒼鷹	13. hawk	企鵝	28. penguin	蜜蜂	41. bee
鳥蛋	b. egg	鷹	14. eagle	長尾雞	29. roadrunner	蜂巢	a. beehive
藍背樫鳥	2. blue jay	鷹爪	a. claw	鴕鳥	30. ostrich	毛蟲	42. caterpillar
翅膀	a. wing	金絲雀	15. canary			卵袋	a. cocoon
尾巴	b. tail	大鸚鵡	16. cockatoo	昆蟲	**B. Insects**	蝴蝶	43. butterfly
羽毛	c. feather	鸚鵡	17. parrot	蒼蠅	31. fly	蚱蜢	44. grasshopper
紅衣鳥	3. cardinal	長尾小鸚鵡	18. parakeet	蚊子	32. mosquito	螞蟻	45. ant
蜂鳥	4. hummingbird	鴨	19. duck	跳蚤	33. flea	甲蟲	46. beetle
雉	5. pheasant	鴨嘴	a. bill	螢火蟲	34. firefly/	白蟻	47. termite
烏鴉	6. crow	小鴨	20. duckling		lightning bug	蟑螂	48. roach/
海鷗	7. seagull	鵝	21. goose	蛾	35. moth		cockroach
麻雀	8. sparrow	天鵝	22. swan	蜻蜓	36. dragonfly	蠍子	49. scorpion
啄木鳥	9. woodpecker	紅鶴	23. flamingo	蜘蛛	37. spider	蜈蚣	50. centipede
鳥嘴	a. beak	鶴	24. crane	蜘蛛網	a. web	螳螂	51. praying mantis
燕子	10. swallow	白鸛	25. stork	瓢蟲	38. ladybug	蟋蟀	52. cricket

[1–52] A. Is that a/an _____?
B. No. I think it's a/an _____.

[31–52] A. Hold still! There's a _____ on your shirt!
B. Oh! Can you get it off of me?
A. There! It's gone!

What birds and insects can be found where you live?

Does your culture have any popular folk tales or children's stories about birds or insects? Tell a story you are familiar with.

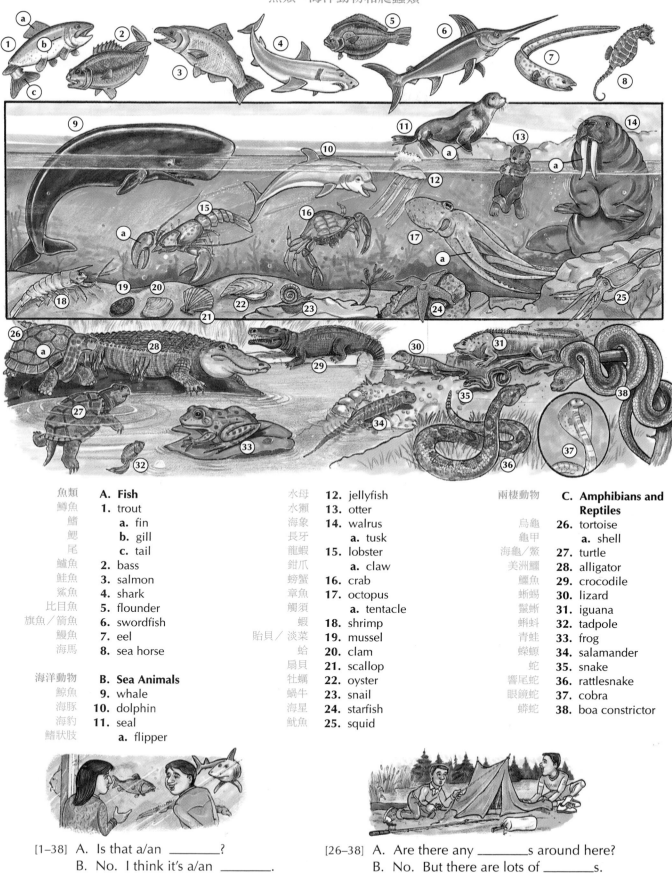

魚類 | **A. Fish**
鱒魚 | **1.** trout
鰭 | **a.** fin
鰓 | **b.** gill
尾 | **c.** tail
鱸魚 | **2.** bass
鮭魚 | **3.** salmon
鯊魚 | **4.** shark
比目魚 | **5.** flounder
旗魚／箭魚 | **6.** swordfish
鰻魚 | **7.** eel
海馬 | **8.** sea horse

海洋動物 | **B. Sea Animals**
鯨魚 | **9.** whale
海豚 | **10.** dolphin
海豹 | **11.** seal
鰭狀肢 | **a.** flipper

水母 | **12.** jellyfish
水獺 | **13.** otter
海象 | **14.** walrus
長牙 | **a.** tusk
龍蝦 | **15.** lobster
鉗爪 | **a.** claw
螃蟹 | **16.** crab
章魚 | **17.** octopus
觸須 | **a.** tentacle
蝦 | **18.** shrimp
貽貝／淡菜 | **19.** mussel
蛤 | **20.** clam
扇貝 | **21.** scallop
牡蠣 | **22.** oyster
蝸牛 | **23.** snail
海星 | **24.** starfish
魷魚 | **25.** squid

兩棲動物 | **C. Amphibians and Reptiles**
烏龜 | **26.** tortoise
龜甲 | **a.** shell
海龜／鱉 | **27.** turtle
美洲鱷 | **28.** alligator
鱷魚 | **29.** crocodile
蜥蜴 | **30.** lizard
鬣蜥 | **31.** iguana
蝌蚪 | **32.** tadpole
青蛙 | **33.** frog
蠑螈 | **34.** salamander
蛇 | **35.** snake
響尾蛇 | **36.** rattlesnake
眼鏡蛇 | **37.** cobra
蟒蛇 | **38.** boa constrictor

[1–38]   A. Is that a/an _____?
         B. No. I think it's a/an _____.

[26–38]   A. Are there any _____s around here?
           B. No. But there are lots of _____s.

What fish, sea animals, and reptiles can be found in your country?
Which ones are endangered and need to be protected? Why?

In your opinion, which ones are the most interesting?
the most beautiful? the most dangerous?

測量和幾何形狀

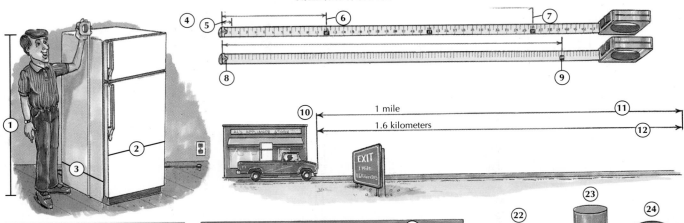

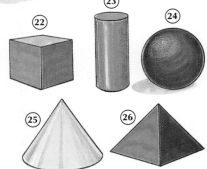

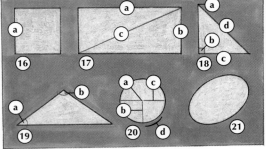

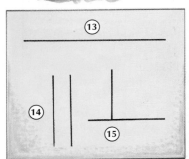

1 mile
1.6 kilometers

EXIT

測量	**A. Measurements**
高	**1.** height
寬	**2.** width
深	**3.** depth
長	**4.** length
吋	**5.** inch
一呎一幾呎	**6.** foot–feet
碼	**7.** yard
釐米	**8.** centimeter
米	**9.** meter
距離	**10.** distance
哩	**11.** mile
公里	**12.** kilometer
線	**B. Lines**
直線	**13.** straight line

平行線	**14.** parallel lines
垂直線	**15.** perpendicular lines
幾何形狀	**C. Geometric Shapes**
正方形	**16.** square
邊	**a.** side
長方形	**17.** rectangle
長	**a.** length
寬	**b.** width
對角線	**c.** diagonal
直角三角形	**18.** right triangle
頂點	**a.** apex
直角	**b.** right angle
底邊	**c.** base
斜邊	**d.** hypotenuse

等腰三角形	**19.** isosceles triangle
銳角	**a.** acute angle
鈍角	**b.** obtuse angle
圓	**20.** circle
圓心	**a.** center
半徑	**b.** radius
直徑	**c.** diameter
圓周	**d.** circumference
橢圓	**21.** ellipse/oval
實體	**D. Solid Figures**
立方體	**22.** cube
圓柱	**23.** cylinder
球面	**24.** sphere
圓錐	**25.** cone
稜椎	**26.** pyramid

[1–9]
A. What's the __[1–4]__ ?
B. .... __[5–9]__ (s).

[11–12]
A. What's the distance?
B. .... _____(s).

1 inch (1")	=	2.54 centimeters (cm)
1 foot (1')	=	0.305 meters (m)
1 yard (1 yd.)	=	0.914 meters (m)
1 mile (mi.)	=	1.6 kilometers (km)

[16–21]
A. Who can tell me what shape this is?
B. I can. It's a/an _____.

[22–26]
A. Who knows what figure this is?
B. I do. It's a/an _____.

[13–26]
A. This painting is magnificent!
B. Hmm. I don't think so. It just looks like a lot of _____s and _____s to me!

宇宙	**A. The Universe**	慧星	**10.** comet	宇宙飛船	**23.** space craft/orbiter
銀河	**1.** galaxy	小行星	**11.** asteroid	太空站	**24.** space station
恒星	**2.** star	水星	**12.** Mercury	宇航員／太空人	**25.** astronaut
星座	**3.** constellation	金星	**13.** Venus	太空服／宇航服	**26.** space suit
北斗七星	**a.** The Big Dipper	地球	**14.** Earth	宇航火箭	**27.** rocket
小北斗	**b.** The Little Dipper	火星	**15.** Mars	發射臺	**28.** launch pad
		木星	**16.** Jupiter	航天飛機	**29.** space shuttle
太陽系	**B. The Solar System**	土星	**17.** Saturn	助推火箭	**30.** booster rocket
太陽	**4.** sun	天王星	**18.** Uranus	地面指揮臺	**31.** mission control
月亮	**5.** moon	海王星	**19.** Neptune	神秘空中飛行物／	**32.** U.F.O./ Unidentified/
行星	**6.** planet	冥王星	**20.** Pluto	（太空）飛碟	Flying Object/
日食	**7.** solar eclipse				flying saucer
月食	**8.** lunar eclipse	太空探索	**C. Space Exploration**		
流星	**9.** meteor	人造衛星	**21.** satellite		
		（太空）探測器	**22.** (space) probe		

[1–20]
A. Is that (a/an/the) _____?
B. I'm not sure. I think it might be (a/an/the) _____.

[21–27, 29, 31]
A. Is the _____ ready for tomorrow's launch?
B. Yes. "All systems are go!"

Pretend you are an astronaut traveling in space.
   What do you see?
Draw and name a constellation you are familiar with.

Do you think space exploration is important? Why?
Have you ever seen a U.F.O.? Do you believe there is
   life in outer space? Why?

1. Identify the radical of the character or the first character of the word. For example:
   胭脂 – the radical of the first character is 月.

2. Check the number of strokes of the radical. For example:
   月 has 4 strokes.

3. Look in the Radical Chart for the reference number of the radical according to the number of strokes. For example:
   月 is under 四畫. Its reference number is 79.

4. Look in the **Chinese Glossary** for the reference number of the radical. Check the number of strokes in the remaining portion of the character, and find the word under the section with the same number of strokes. For example:
   因 has 6 strokes. You will find 胭脂 under the section of 六畫 within 79.

This reference consists of two sections – the Radical Chart on page 122 and the Chinese Glossary itself, beginning on page 123. Each is organized according to the number of strokes, enabling users to check for characters and words without knowing their pronounciations.

一畫		
(1) 、部		
(2) 一部		
(3) ｜部		
(4) 丿部		
(5) 乙部		

二畫		
(6) 亠部		
(7) 冫部		
(8) 宀部		
(9) 二部		
(10) 十部		
(11) 厂部		
(12) 匚部符		
(13) 卜部		
(14) 刂部		
(15) 同部		
(16) 八部		
(17) 人、入部符		
(18) 亻部		
(19) 勹部		
(20) 厶部		
(21) 又部		
(22) 爻部		
(23) 卩部		
(24) 阝部		
(25) 刀部		
(26) 力部		

三畫		
(27) 氵部		
(28) 忄部		
(29) 宀部		
(30) 广部		
(31) 辶部		
(32) 工部		
(33) 土部		
(34) 士部		
(35) 艹部		
(36) 大部		

(37) 寸部
(38) 扌部
(39) 小部
(40) 口部
(41) 囗部
(42) 巾部
(43) 山部
(44) 彳部
(45) 彡部
(46) 夕部
(47) 夊部
(48) 犭部
(49) 彐部
(50) 尸部
(51) 己、已部
(52) 弓部
(53) 女部
(54) 幺部
(55) 子部

四畫		
(56) 斗部		
(57) 文部		
(58) 灬部		
(59) 方部		
(60) 火部		
(61) 心部		
(62) 戶部		
(63) 王部		
(64) 木部		
(65) 犬部		
(66) 戈部		
(67) 比部		
(68) 瓦部		
(69) 止部		
(70) 日部		
(71) 父部		
(72) 牛部		
(73) 手部		
(74) 毛部		
(75) 气部		
(76) 攵部		

(77) 斤部
(78) 爪部
(79) 月部
(80) 欠部
(81) 殳部
(82) 爿、聿部
(83) 毋部
(84) 水部

五畫		
(85) 穴部		
(86) 立部		
(87) 疒部		
(88) 衤部		
(89) 示、礻部		
(90) 石部		
(91) 罒部		
(92) 目部		
(93) 田部		
(94) 皿部		
(95) 矢部		
(96) 禾部		
(97) 白部		
(98) 瓜部		
(99) 用部		
(100) 疋部		
(101) 皮部		

六畫		
(102) 衣部		
(103) 羊部		
(104) 耒部		
(105) 米部		
(106) 耳部		
(107) 臣部		
(108) 西部		
(109) 虍部		
(110) 虫部		
(111) 缶部		
(112) 舌部		
(113) 竹部		
(114) 臼部		

(115) 自部
(116) 血部
(117) 舟部
(118) 羽部
(119) 糸部

七畫		
(120) 辛部		
(121) 言部		
(122) 走部		
(123) 豆部		
(124) 車部		
(125) 酉部		
(126) 辰部		
(127) 豕部		
(128) 里部		
(129) 貝部		
(130) 足部		
(131) 豸部		
(132) 谷部		
(133) 身部		
(134) 角部		
(135) 門部		

八畫		
(136) 雨部		
(137) 金部		
(138) 佳部		
(139) 革部		

九畫以上		
(140) 頁部		
(141) 骨部		
(142) 食部		
(143) 風部		
(144) 髟部		
(145) 馬部		
(146) 黑部		
(147) 鳥部		
(148) 魚部		

The **bold** number indicates the page(s) on which the word appears; the number that follows indicates the word's location in the illustration and in the word list on the page. For example, "north **5**-1" indicates that the word *north* is on page 5 and is item number 1.

nightgown **58**-2
nightshirt **58**-3
nightstand **17**-14
nipple **21**-15
no left turn sign **94**-34
no right turn sign **94**-35
No Smoking sign **97**-20
no U-turn sign **94**-36
noisy **40**-45
noodles **46**-23, **55**-23
noon **32**
north **5**-1
North America **6**-1
northeast **5**-5
northwest **5**-6
nose **68**-15, **97**-36
nostril **68**-16
note pad **89**-12
notebook **10**-11
notebook computer
   64-11
notebook paper **10**-12
notes **11**-30
Novocaine **72**-29
nozzle **29**-5, **92**-45
nuclear energy **114**-33
number **30**
nurse **72**-2, **77**-19
nurse's office **77**-2
nursing home **13**-10
nut **28**-32
nuts **48**-22

o'clock **32**
oak **113**-19
oars **107**-6
oboe **112**-14
obstetrician **72**-8
obtuse angle **120**-19b
occupation **80**
ocean **114**-22
octopus **119**-17
odometer **93**-52
office **77**-1, **86**-13
office assistant **86**-32
office building **39**-28
office manager **86**-31
oil **29**-29, **48**-34,
   114-29
oil bill **27**-16
ointment **21**-4, **74**-10
old **40**-28,30
olive oil **48**-35
olives **48**-28
on ramp **94**-11
one fourth **31**
one half **31**
one quarter **31**
one third **31**
one-way street **94**-27
onion **45**-31
online catalog **76**-7
open **41**-57
open *your book* **11**-6
opera **110**-C
opera company
   110-26
opera singer **110**-25
operate **85**-16
optometrist **72**-12
oral hygienist **72**-7

orange **44**-21, **56**-3
orange juice **46**-6
orangutan **117**-46
orbiter **121**-23
orchard **115**-16
orchestra **79**-23,
   110-10,14
orchestra pit **110**-11
orchid **113**-38
order **54**-14
ordinal number **30**
organ **112**-29
organizer **88**-23
ostrich **118**-30
otter **119**-13
ounce **52**
outdoor grill **25**-29
outerwear **59**
oval **120**-21
oven **18**-21
overalls **57**-19
overcoat **59**-13
overhead compartment
   97-13
overhead projector
   10-29
overnight mail **75**-10
overpass **94**-9
owl **118**-12
oxygen mask **97**-22
oyster **47**-63, **119**-22

P.A. system **10**-22
p.m. **32**
pacifier **21**-13
pack **51**-14
package **51**-15, **75**-4
package mailing tape
   89-28
packaged goods **46**-C
packer **49**-83
paddle **102**-29,
   107-4,8
pail **24**-35, **101**-28
pail and shovel **65**-7
paint **28**-24, **85**-17,
   109-14, 24
paint pan **28**-21
paint roller **28**-22
paint set **65**-26
paint thinner **28**-25
paintbrush **28**-23,
   109-12
painter **27**-3, **82**-5
painting **14**-21, **109**-H
paisley **61**-23
pajamas **58**-1
palm **69**-50, **113**-16
pan **28**-21
pancreas **69**-75
panda **117**-41
pansy **113**-36
panties **58**-11
pants **57**-9
pantyhose **58**-18
papaya **44**-9
paper **11**-21
paper bag **49**-82
paper clip **89**-1
paper clip dispenser
   88-19

paper cups **49**-53
paper cutter **87**-18
paper fastener **89**-3
paper plates **49**-54
paper products **49**-G
paper shredder **87**-21
paper towel holder
   18-11
paper towels **24**-28,
   49-56
parachute **102**-17
parakeet **118**-18
parallel bars **103**-42
parallel lines **120**-14
parcel **75**-4
parcel post **75**-7
parents **2**
paring knife **19**-43
park **36**-12, **100**
parka **59**-18
parking fee **27**-20
parking garage **26**-17,
   36-13, **62**-10
parking light **92**-4
parking lot **26**-18,
   36-14, **62**-20
parking meter **38**-17
parrot **118**-17
parsnip **45**-36
pass **108**-5
pass out *the tests*
   11-22
passenger **95**-9,24,
   97-7
passenger car **95**-15
passport **96**-29
pastry **54**-5
pasture **115**-15
patio **25**-27
paw **116**-31a
paycheck **88**-25
payroll office **90**-26
pea **45**-13
peach **44**-2
peacock **118**-27
peanut butter **49**-49
peanuts **48**-23
pear **44**-3
pearl necklace **60**-6
pearl onion **45**-34
pearls **60**-6
pedestrian **39**-34
pediatrician **72**-10
peel **53**-5
peeler **19**-40
peephole **26**-8
pelican **118**-26
pen **10**-5, **88**-32
pencil **10**-6, **88**-33
pencil cup **88**-4
pencil sharpener
   10-26, **87**-16
penguin **118**-28
penny **66**
pepper **48**-30
pepper shaker **15**-16
Pepsi **54**-15
percent **31**
percussion **112**-D
perfume **23**-29
Perfume Counter **62**-4

periodicals section
   76-21
perpendicular lines
   120-15
personal cassette player
   63-15
personal planner
   88-23
personnel office **90**-27
pest control bill **27**-18
pet **117**
pet food **49**-J
pet shop **36**-15
petal **113**-24
petunia **113**-37
pharmacist **82**-6
pharmacy **35**-22
pheasant **118**-5
Phillips screwdriver
   28-3
phone **64**-12
phone booth **39**-23
phone number **1**-13
phone system **87**-13
photo shop **37**-16
photocopy machine
   76-10, **86**-16
photograph **14**-26
photographer **82**-7
photography **109**-P
physical therapy
   73-17
physician **72**-1
physics **78**-12
piano **112**-28
piccolo **112**-11
pickax **91**-5
pickles **48**-27
pickup truck **91**-20,
   93-91
picnic **99**-E
picnic area **100**-4
picnic basket **99**-16
picnic blanket **99**-14
picnic table **100**-5
picture **14**-26
pie plate **19**-13
pig **115**-36
pig pen **115**-12
pig sty **115**-12
pigeon **118**-11
piglet **115**-37
pill **74**-16
pillow **14**-11, **17**-3
pillowcase **17**-4
pilot **82**-8, **97**-2
pin **60**-9, **109**-2
pin cushion **109**-3
pine **113**-20
pineapple **44**-16
pineapple juice **46**-27
ping pong **102**-O
ping pong ball **102**-32
ping pong table **102**-30
pink **56**-2
pinky **69**-49
pint **51**-20, **52**
pipe **91**-31
pistula **113**-25
pita bread **47**-72,
   54-33

pitch **108**-2
pitcher **15**-8
pitchfork **115**-10
pizza **54**-12
pizza shop **37**-17
place setting **16**
placemat **18**-33
plaid **61**-19
plain **41**-64, **61**-10
plane **28**-19, **97**-35
planet **121**-6
plant **14**-20, **113**-46
plaster **109**-15
plastic bag **49**-81
plastic binding
   machine **87**-19
plastic clip **89**-2
plastic swimming pool
   65-33
plastic wrap **49**-62
plateau **114**-12
platform **95**-8
play **9**-15, **85**-18,
   111-B
play basketball **9**-16
play house **65**-41
play the guitar **9**-17
playground **100**-18
playpen **20**-16
pleased **42**-14
pliers **28**-5
plum **44**-5
plumber **27**-10, **82**-9
plunger **22**-1, **29**-22
plus **31**
Pluto **121**-20
plywod **91**-26
pneumatic drill **91**-6
pocketbook **60**-19
podium **110**-24
poison ivy **113**-50
polar bear **117**-39
poles **106**-4
police officer **39**-32,
   82-10
police station **38**-2
polka dot **61**-20
polo shirt **57**-5
poncho **59**-22
pond **114**-11
pony **116**-24
pool **103**-R
pool stick **103**-38
pool table **103**-36
poor **40**-50
popcorn **48**-21
popcorn maker **19**-28
popular music **111**-2
porch **25**-5
porcupine **116**-2
pork **47**-51
pork chops **47**-52
portable computer
   64-10
portable crib **20**-28
portable phone **64**-13
portable stereo system
   63-16
portable telephone
   64-13
porter **95**-12, **96**-22

THEMATIC INDEX

el ciclo del ¡AGUA!

Christelle Huet-Gomez - Emmanuelle Houssais

Traducción: Alba-Marina Escalón

AMANUENSE®

Un poco de frío y ¡zas! una gota
se escapa de una nube. Otra gota la sigue.

Y luego otra...

... y luego miles más: está lloviendo.

¿Será un chubasco pasajero
o un tremendo aguacero?

¿Tienes listo tu impermeable?

TORMENTa

Cuando la lluvia es finita, se llama llovizna;
si el cielo se oscurece, viene una tormenta.

Y qué bueno, porque el agua ¡es necesaria!
para la señora que se está bañando,
para el niño que riega sus plantas,
para los novios que comparten una bebida,
y para el bebé… agüita dulce.

Mira cómo cae la lluvia sobre los estanques,
los charcos, las lagunas y el mar.

Mira cómo se cuela por los agujeros,
cómo corre por la acera…

¡Y si de pronto ya no ves ni una gota,
es que se infiltró en el suelo!

CAPa FReáTiCa

Una parte del agua empapa los suelos y riega las plantas;
otra se hunde hasta encontrar terrenos impermeables
y se queda allí, junto a las rocas permeables de arriba,
formando una capa freática.

El agua puede meterse en hoyos o en cuevas,
o escurrirse y formar lagos subterráneos.

LAGO SUBTERRÁNEO

¡Qué calor hace cerca del fuego!,
tanto que si una gota pasara por acá,
se evaporaría; se volvería un gas:
vapor de agua.

El sol también transforma el agua
en vapor de agua.

Por la mañana el aire está fresco
y la hierba mojada. ¿Por qué?

Durante la noche, el aire se enfría y
el agua que se había evaporado con
el calor del sol se vuelve líquida de
nuevo: se condensa.

¡Qué frío hace camino a la montaña!, tanto que las gotas se convierten en copos de nieve con forma de estrellas, igualitos a los que caen sobre los glaciares.

¡Brrr!, estamos a menos de cero grados. Como cuando hacemos hielo en casa, el agua se ha solidificado.

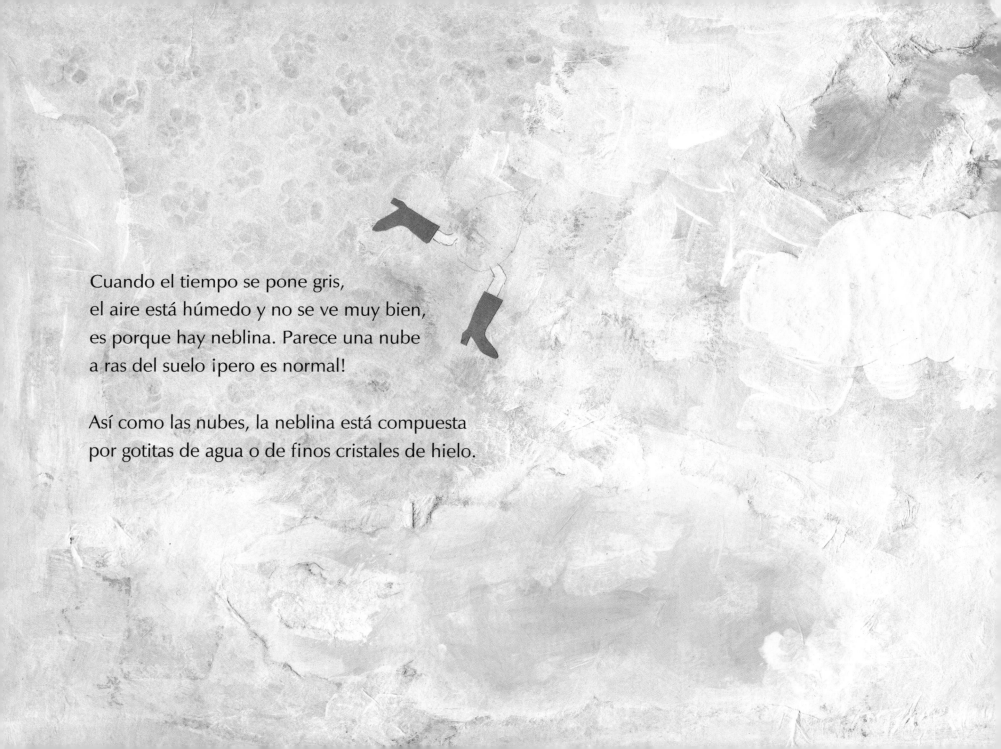

Cuando el tiempo se pone gris,
el aire está húmedo y no se ve muy bien,
es porque hay neblina. Parece una nube
a ras del suelo ¡pero es normal!

Así como las nubes, la neblina está compuesta
por gotitas de agua o de finos cristales de hielo.

¡Qué bonita se ve la Tierra desde el cielo, con toda esa agua clara que fluye hacia el mar!: se escapa de los glaciares, resbala por las laderas y de riachuelo en riachuelo, baja por los ríos.

De las capas freáticas, surgen manantiales.

En el mar, millones de pequeñas gotas
bailan con las olas
y avanzan con las corrientes.

Pero si el agua del mar viene de los ríos y de la lluvia,
¿por qué es salada?

Para entenderlo hay que remontarse a una época
muy lejana, anterior a la existencia de los dinosaurios:
unos cuatro mil millones de años atrás.

En ese entonces cayeron grandes lluvias;
lluvias tan fuertes que disolvieron la sal de las rocas.

Así se formaron los océanos.

Con el calor del sol, el agua se escapa de la
superficie de los océanos, lagos, ríos y arroyos,
y danza por los aires: se evapora.

Sobre los suelos más húmedos
crecen los bosques más bellos.

Como nosotros, las plantas necesitan agua,
y como nosotros, transpiran. Así enriquecen el
aire con vapor de agua que sube al cielo para
juntarse con las nubes.

CIRROCÚMULO
10500 m

CIRROESTRATO
9500 m

Nubes hay muchas:
grandes y chicas,
gordas y planas,
grises y blancas.

Todas tienen su nombre científico,
dependiendo de su tamaño, forma y altitud.

NIMBOESTRATO
2100 m

2000 m

ESTRATOCÚMULO

CÚMULO
1000 m

ESTRATO
1000 m

Una nube que flota en el cielo choca con aire frío,
con aire caliente, otra vez con aire frío…

Las gotitas se agitan, se fusionan y se vuelven más pesadas
y ¡zas! todo empieza de nuevo: una gota se escapa…

En realidad, el agua no hace más que dar vueltas
del mar al cielo, entre bosques, estanques y nubes,
del estado líquido al gaseoso…

Ese es el ciclo del agua.

Unas gotas más...

Cuando el calor transforma el agua en vapor, ella pasa del estado líquido al gaseoso. En cambio al enfriarse, el vapor de agua se condensa y regresa al estado líquido.

El agua existe también en estado sólido: a temperaturas inferiores a cero grados, se cristaliza. Los cubitos de hielo y los glaciares están formados por cristales de agua muy apretados unos contra otros. En los copos de nieve esta disposición es menos compacta.

El agua vuelve a ser líquida cuando la nieve o el hielo se derriten. También sucede que el agua pasa directamente del estado sólido al gaseoso: este fenómeno se llama sublimación.

Las nubes están formadas por minúsculas gotas de agua o por microcristales. Esas gotitas son fruto de la condensación del vapor de agua contenido en el aire, y al chocar unas contra otras se juntan para formar gotas cada vez más gruesas. Cuando se hacen demasiado pesadas (al cabo de 8 días como máximo), las gotas caen con mayor o menor rapidez, dependiendo de su peso: pueden deambular a 5 km/h o correr a más de 30 km/h; por eso caen como lloviznas, aguaceros o tormentas.

Una parte del agua corre por las laderas, otra penetra en el suelo regando las plantas, y la tercera se mete en las capas permeables.

Si la superficie sobre la que cae es de arena, el agua se absorbe rápidamente; si es arcillosa, el proceso es más lento. A través de la piedra caliza, el agua se infiltra lentamente o se escurre entre las grietas.

Cuando el agua llega a una superficie impermeable, queda retenida y forma una capa freática. También puede crear lagos y arroyos subterráneos.

El agua subterránea se escurre hacia el mar y puede crear algún manantial que poco a poco se convierta en arroyo. Los arroyos se juntan con riachuelos y se vuelven ríos que corren hacia el océano.

Una parte del agua de mar y del agua dulce se evapora. Las plantas también enriquecen el aire con vapor de agua gracias a la transpiración vegetal. Cuando toda esa agua se condensa de nuevo, el cielo se cubre de nubes y termina lloviendo.

Así es el ciclo del agua o ciclo hidrológico, gracias al cual ni una gota de agua se pierde ni se crea: solamente se transforma.

El agua de los océanos es nuestra mayor reserva (97% del agua terrestre); le siguen el casquete polar, los glaciares y las capas freáticas (3%).

¡70% del agua que consumimos está dedicada a la agricultura y la ganadería!

Se le llama «agua azul» al agua que se escurre y al agua subterránea: es la que se extrae y se distribuye por nuestras tuberías.

El «agua verde» es la que impregna los suelos y queda disponible para las plantas. 60% de las precipitaciones se vuelven agua verde.

El agua, en todas sus formas, es uno de los mayores recursos de la Humanidad.

Publicado por:

Amanuense, SRL

Uruguay

contacto@amanuense.online

www.amanuense.online

ISBN: 978-9929-633-43-8

Primera reimpresión en español 2018

Primera edición en español 2017

El ciclo del agua

Título original en francés: à L'eau! | Le cycle de l'eau

Copyright ©2016 Les Editions du Ricochet

Texto: Christelle Huet-Gomez

Ilustración: Emmanuelle Houssais

Traducción del francés al español: Alba-Marina Escalón

Editado en Uruguay

Printed in China